旅の指さし会話帳
台北

この本の使い方

step 1

伝えたい言葉を指さします

話し相手に見せながら、言葉を指さすだけで通じます。大きな声で発音してみましょう。相手も、興味を持って対応してくれますよ！

step 2

言葉を組み合わせて文章を作ります

たとえば「〜はどこですか？」と「駅」を指させば、駅までの行き方が聞けます。わかりやすいように、ゆっくり指さすのがコツです。

step 3

相手にも指さしてもらいましょう

像我一樣請用手指
（訳：私と
ください

まずはこれだけ！
台湾華語の基本フレーズ 20

買い物、食事、観光など、いろんな場面で役立つ言葉を厳選！

あいさつ・呼びかけの言葉

こんにちは
你好
ニィハオ

お会いできてうれしいです
我很高興認識您！
ウォーヘンガオシンレンスーニン

あのー（呼びかけの言葉）
（相手が女性の場合）小姐
シアオチエ
（相手が男性の場合）先生
シエンセン

ありがとうございます
謝謝
シエシエ

どういたしまして
不會
ブーホェイ

ごめんなさい
很抱歉
ヘンパオチエン

さようなら
再見
ツァイチエン

はい
是
スー

いいえ
不是
ブースー

お願いする言葉

〜をください
請給我〜
チンゲイウォー〜

写真を撮ってください
請幫我拍照
チンパンウォーパイツァオ

この本を見てください
請您看這本書
チンニンカンツェーペンスー

場所・行き方を尋ねる

〜はどこですか？
〜在哪裡？
〜ツァイナアリー

〜に行きたい
我想去〜
ウォーシアンチュィ〜

駅	バス乗り場	トイレ
火車站	公車站	洗手間
フオツァーツァン	コンツァーツァン	シーゾウチエン

コンビニ	入り口	出口
便利商店	入口	出口
ピエンリーサンティエン	ルーゴウ	ツーゴウ

空港・ホテル
移動
買い物・遊ぶ
食事
仲良くなる
トラブル

楽しい旅のスタートは、ここから！
お役立ち＜お金＞フレーズ

いくらですか？
多少錢？
トゥオサオチエン

0 零 リン	1 一 イー	2 二 アー
3 三 サン	4 四 スー	5 五 ウー
6 六 リョウ	7 七 チー	8 八 バー
9 九 チョウ	10 十 スウ	100 一百 イーバイ

これをください
請給我這個
チンケイウォーツェーガ

～（場所）までいくらですか？
到～要多少錢？
タオ～ヤオ トゥオザオチエン

～元
～元
～ユエン

～元くらい
大概～元
ターカイ～ユエン

安くしてもらえますか？
請算便宜一點
チンスワン ピエンイー イーティエン

値段を書いてください
請您寫價錢
チンニン シエチアチエン

高い
貴
クェイ

サイン
簽名
チエンミン

割引
打折
ダーザー

安い
便宜
ピエンイー

日本円
日幣
ズービー

USドル
美元
メイユエン

値段は、指さしてもらえばOK！

1元	5元	10元	50元

一元 イーユエン	五元 ウーユエン	十元 ズウユエン	五十元 ウーズウユエン

旅行中に最も多く用いるのは10元と50元コイン。目安としては500mlペットボトル飲料が20元程度。新聞が10元程度。なお、バスの基本運賃は15元なので5元コインもあれば便利。50元コインはやや重い。

100元	500元	1000元

一百元 イーバイユエン	五百元 ウーバイユエン	一千元 イーチエンユエン

最も多く用いるのは100元紙幣。目安としては定食の類が70〜100元程度。タクシーの初乗りが70元。高額紙幣としては1000元紙幣が常用される。中高級レストランでの食事が一人500元〜。

両替してください
請您換錢
チンニンホワンチエン

クレジットカードは使えますか？
可以刷卡嗎？
グーイー スワカーマ

もくじ

空港・ホテル ……………………………… 8
空港 ……………………………………… 10
ホテル滞在 ……………………………… 12
ホテル施設・備品 ……………………… 14

移動 ……………………………………… 16
歩く ……………………………………… 18
タクシー ………………………………… 20
地下鉄・バスほか ……………………… 22
台北地図 ………………………………… 24

買い物・遊ぶ …………………………… 26
お金と数字 ……………………………… 28
おみやげ ………………………………… 30
服・雑貨 ………………………………… 32
マッサージ・変身撮影ほか …………… 34
観光・エンタメ ………………………… 36

この本の使い方 ……………………………… 1
台湾華語・超基本フレーズ20 …………… 2

食事 …… 38

- いただきます …… 40
- 食材・料理法 …… 42
- 屋台で …… 44
- デザート・飲み物 …… 46
- お茶 …… 48

仲良くなる …… 50

- 自己紹介 …… 52
- 仲良くなる …… 54
- 時間 …… 56
- 日付 …… 58

トラブル …… 60

- 盗難・犯罪 …… 62
- 薬・病院 …… 64
- 症状を伝える …… 66

お役立ち＜お金＞フレーズ …… 4
単語集＜日本語→台湾華語＞ …… 68

空港・ホテル

入国審査も発音練習のチャンスです

こんにちは
你好
ニィハオ

　旅行者として台湾を訪れる読者の皆さんが、入国の際にあれこれと質問されることはまずないでしょう。無言でも問題なく入国できます。でも、ここは「こんにちは」の練習といきましょう。台湾華語だけでなく、多くの住民が母語としている台湾語で「りーほー」と挨拶してみるのも手です。

モーニングコールをお願いする

〜時に起こしてください
〜點，請把我叫醒
〜ティエン、チンパーウォーチアオシン

　夜遅くまで町歩きを楽しんだけれど、翌日はどうしても早起きしないといけない。そんな場合はモーニングコールを。不安だったらメモに時間を書いてスタッフに手渡しするといいでしょう。モーニングコールのセットがむずかしいホテルもあるので要注意です。

チェックアウト後も身軽に行動したい

荷物を預かってください
請幫我寄放行李
チンパンウォーチーファンシンリー

　チェックアウトはしたけれど、空港へ向かうまでにはまだちょっと時間がある…そんな時は大きな荷物をホテルに預けて散歩に出ましょう。ただし、貴重品を入れっぱなしで預けないようにご注意！

空港

| 入国の目的は？
來台灣的目的是什麼？
ライタイワンダムーティースーセンマ | 観光です
觀光
クワンクワン |  |

まずは空港の中で

～はどこですか？ ～在哪裡？ ～ツァイナアリー	 入国審査 入境檢查 ルーチンチエンツァー

インフォメーション 詢問處 シュンウェンツー	両替所 兌幣處 トェイビーツー	税関 海關 バイクワン
売店 商店 サンティエン	免税店 免税商店 ミエンスェイサンティエン	乗り継ぎカウンター 轉機櫃台 ツヲンチークェイタイ
荷物預かり 寄物處 チーウーツー 	電話 電話 ティエンホワ 	郵便局 郵局 ヨウチュイ 
地図 地圖 ティートゥー 	喫煙所 吸煙區 シーイエンチュイ	トイレ 洗手間 シーゾウチエン 
ATM 提款機 ティークヮンチー 	入口 入口 ルーゴウ	出口 出口 ツーゴウ

ネット・通信

WiFi	SIMカード	携帯電話のレンタル
WiFi	SIM卡	手機出租處
ワイファイ	スィムカー	ゾウチーツーズーツー

トラブル

～をなくしました
～不見了
～ブーチエンラ

航空券	パスポート
機票	護照
チーピャオ	フーツァオ

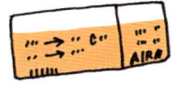 

荷物が出てきません	荷物は～個です
行李沒有出來	行李總共～個
シンリーメイヨウツーライ	シンリーゾンコン～ガ

街に向かう

～に乗りたいです	～に行きたい	～行き
我要坐～	我想去～	往～
ウォーヤオツオ～	ウォーシアンチュィ～	ワン

タクシー	バス	MRT桃園空港線
計程車	公車	桃園機場捷運
チーツェンツァー	コンツァー	タオユエンチーツァンチエユン

料金

いくらですか？	～元	～元くらい
多少錢？	～元	大概～元
トゥオサオチエン	～ユエン	ターカイ～ユエン

空港・ホテル | 移動 | 買い物・遊ぶ | 食事 | 仲良くなる | トラブル

ホテル滞在

チェックインしたいです 我要 check in ウォーヤオチェックイン	私の名前は〜です 我的名字是〜 ウォーダミンツズー〜 
ネットで予約しました 網路預約了 ワンルーユィユエラ	カードで支払い済みです 已經刷卡了 イーチンスワガーラ

日本語を話せますか？ 您會説日文嗎？ ニンホェイスオズーウェンマ	英語を話せますか？ 您會説英文嗎？ ニンホェイスオインウェンマ

〜はどこですか？ 〜在哪裡？ 〜ツァイナアリー 	パソコン 電腦 ティエンナオ	両替所 兌幣處 トェイピーツー
喫煙所 吸煙區 シーイエンチュィ 	ランドリーサービス 送洗服務 ソンシーフーウー	レストラン 餐廳 ツァンティン

〈ネット〉

日本語入力はできますか？ 有日文輸入法嗎？ ヨウズーウェンスールーファーマ
文字化けします 會變亂碼 ホェイピエンルワンマー / WiFi WiFi ワイファイ
プリントアウトをお願いします 請印出來 チンインツーライ

〈電話〉

国際電話をかけたいです 我想打國際電話 ウォーシアンダーグオチーティエンホワ
この番号にかけてもらえますか？ 請幫我打這個電話號碼 チンバンウォーターツェーガティエンホワハオマ
お店の予約をお願いします 請幫我預約 チンバンウォーユィユエ

ホテルの周辺

この近くに〜はありますか?
這裡附近有沒有〜?
ツェーリーフーチンヨウメイヨウ〜?

銀行	郵便局
銀行	郵局
インバン	ヨウチュィ

遅くまで開いている	コンビニ	スーパー
開到很晚	便利商店	超級市場
カイタオヘンワン	ビエンリーサンティエン	ツァオチースーツァン

朝早く開いている	薬局	美味しい店
一大早開店	藥局	很好吃的店
イーターザオカイティエン	ヤオチュイ	ヘンハオツーダティエン

最寄り駅への行き方を教えてください	タクシーを呼んでください
請告訴我離這裡最近的車站	請幫我叫計程車
チンガオスウウォーリーツェーリーツェイチンダツァーツァン	チンバンウォーチアオチーツェンツァー

チェックアウト

チェックアウトしたいです
我想要退房
ウォーシアンヤオトェイファン

荷物を預かってください
請幫我寄放行李
チンバンウォーチーファンシンリー

使いました	使っていません	ルームサービス
使用了	沒有使用	客房服務
ズーヨンラ	メイヨウズーヨン	クーファンフーウー

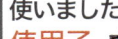

ネット	ミニバー	部屋番号
上網	小吧台	房間號碼
サンワン	シアオバーダイ	ファンチエンハオマー

空港・ホテル

移動
買い物・遊ぶ
食事
仲良くなる
トラブル

ホテル施設・備品

使い方を教えてください
請告訴我使用的方法
チンカオスウウォースーヨンダファンファー

WiFi
WiFi
ワイファイ

エアコン
冷氣
レンチー

電気
電燈
ティエンタン

ミニバー
小吧台
シアオバータイ

電話
電話
ティエンホワ

テレビ
電視
ティエンスー

冷蔵庫
冰箱
ピンシアン

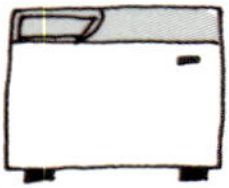

シャワー
淋浴
リンユィ

カギ
鑰匙
ヤオズー

金庫
保險箱
バオシエンシアン

トラブル

壊れています
壞掉了
ホワイティアオラ

調子が悪いです
故障
クーヅァン

水（お湯）が出ない
沒有（熱）水
メイヨウ（ルー）スェイ

トイレが流れない
馬桶不通
マートンブートン

鍵を部屋に置いてきてしまった
鑰匙忘在房間裡
ヤオズーワンツァイファンチエンリー

部屋を替えてください
請幫我換房間
チンバンウォーホワンファンチエン

備品 ~はありますか？ ~有嗎？ ~ヨウマ 	無料 免費 ミエンフェイ	有料 收費 ゾウフェイ
ドライヤー 吹風機 ツェイフォンチー 	アイロン 熨斗 ユントウ 	変圧器 變壓器 ビエンヤーチー
歯ブラシ 牙刷 ヤーシュワ 	シャンプー 洗髮精 シーファーチン 	せっけん 香皂 シアンツァオ
カミソリ 刮鬍刀 クワブーダオ	タオル 毛巾 マオチン	シーツ 床單 ツワンタン 
トイレットペーパー 衛生紙 ウェイセンズー	薬 藥品 ヤオピン 	日本語の地図 日文的地圖 ズーウェンダティートゥー 
施設 やっていますか？ 有沒有營業？ ヨウメイヨウインイエ	何時から？ 幾點開始？ ジーティエンカイズー	何時まで？ 幾點關門？ ジーティエンクワンメン
朝食 早餐 ザオツァン	スパ SPA スパ 	プール 游泳池 ヨウヨンズー

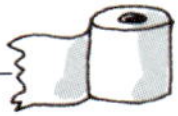

空港・ホテル

移動

買い物・遊ぶ

食事

仲良くなる

トラブル

移動

行き先が決まっていたらこの一言

ここに行きたいです
我要去這裡
ウォーヤオチュィツェーリー

　すでに目的地が決まっていたらこの一言を。道に迷ったりした際はもちろん、タクシーに乗る場合も行き先を紙に書いておき、この一言を添えて運転手に見せるのがベスト。道を尋ねる際にも使えて便利です。

発音は気にせず、声をかけてみましょう！

> すみません
> **請問一下**
> チンウェンイーシア

　道に迷ったり、困ったりしたことがあったら、この一言。積極的に声をかけてみましょう。発音が間違っていてもかまいません。台湾の人々は困っている外国人をきっと助けてくれるはず。物怖じせずに話しかけてみて！

安くて便利なタクシーは町歩きの味方

> タクシーを呼んでください
> **請幫我叫計程車**
> チンバンウォーチアオチーツェンツァー

　台北のタクシーは台数が多く、料金も安いので便利。目的地が決まっていたら、ホテルなどでタクシーを呼んでもらいましょう。もちろん「流し」のタクシーも簡単につかまります。あらかじめ行き先を紙に書いておくと便利です。

歩く

~に行きたいです **我要去~** ウォーヤオチュィ~ 	すみません (呼びかけの言葉) **請問一下** チンウェンイーシア

レストラン **餐廳** ツァンティン	茶芸館 **茶藝館** ツァーイークワン 	ファストフード店 **速食店** スーズーティエン
カフェ **咖啡廳** ガーフェイティン	スーパー **超級市場** ツァオチースーツァン	デパート **百貨公司** バイフオコンスー
ショッピングモール **購物中心** コウウーツォンシン	コンビニ **便利商店** ピエンリーサンティエン	~ホテル **~飯店** ~ファンティエン
博物館 **博物館** ポーウークワン	公園 **公園** コンユエン 	本屋 **書店** スーティエン 
銀行 **銀行** インハン 	病院 **醫院** イーユエン 	トイレ **洗手間** シーゾウチエン 
駅 **火車站** フオツァーツァン	バス停 **公車站** コンツァーツァン	MRTの駅 **捷運站** チエユンツァン

どこに行きますか？	〜はどこですか？
你要去哪裡？	〜在哪裡？
ニイヤオチュイナアリー	〜ツァイナアリー

現在地を確認する

ここはどこですか？	これを見てください
這裡是哪裡？	請您看這個
ツェーリー スーナアリー	チンニンカンツェーガ

一番近くの〜はどこですか？	この地図に書いてください
最近的〜是在哪裡？	請寫在這張地圖上
ツェイチンダ〜スーツァイナアリー	チンシエツァイツェーツァンティートゥーサン

近い	遠い
近	遠
チン	ユエン

道順を聞く

歩いて〜分くらい
走路大概〜分鐘
ゾウルーターカイ〜フェンツォン

| 1 | 3 | 5 |
| 10 | 20 | 30 |

まっすぐ
直走
ズーゾウ

左折	右折
左轉	右轉
ツオツワン	ヨウツワン

もどる
折回去
ザーホェイチュイ

タクシーで行った方がいい
坐計程車去比較好
ツオチーツェンツァーチュイビーチアオハオ

 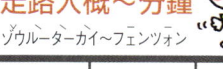

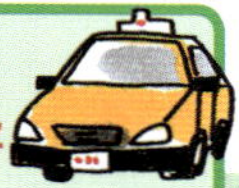

向こう側	こちら側
對面	這邊
トェイミエン	ツェーピエン

空港・ホテル / 移動 / 買い物 / 食事 / 仲良くなる / トラブル

タクシー

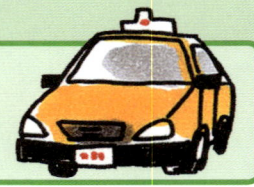

タクシーに乗りたいです
我想坐計程車
ウォーシアンツオチーツェンツァー

タクシーを呼んでください
請幫我叫計程車
チンバンウォーチアオチーツェンツァー

タクシー乗り場はどこですか？
計程車的乘車處在哪裡？
チーツェンツァーダツェンツァーツーツァイナアリー

行き先を伝える

〜に行きたいです
我要去〜
ウォーヤオチュィ〜

ここへ行きたいです
我想去這裡
ウォーシアンチュィツェーリー

〜ホテル
〜飯店
〜ファンティエン

空港
機場
チーツァン

駅
火車站
フオツァーツァン

所要時間

何分かかりますか？
需要幾分鐘？
シュィヤオジーフェンツォン

何時間かかりますか？
要花多少時間？
ヤオホワトゥオザオズーチエン

〜分くらい
大概〜分鐘
ターカイ〜フェンツォン

〜時間くらい
大概〜小時
ターカイ〜シアオズー

〜時に迎えにきてください
請〜點來接我
チン〜ティエンライチエウォー

トランクに荷物をのせたい 我想把我的行李放到後車箱 ウォーシアンパーウォーダシンリーファンタオホウツァーシアン 	急いでください！ 快點 クワイティエン
メーターを使ってください 請按跳表 チンアンティアオピャオ	遠回りしないで 不要繞遠路 プーヤオラオユエンルー

空港・ホテル

移動

目的地に到着

ここで止めてください 這裡好了，謝謝 ツェーリーハオラ、シエシエ	降ります 我下車 ウォーシアツァー
いくらですか？ 多少錢？ トゥオザオチエン 	〜元 〜元 〜ユエン 

買い物

食事

トラブル＆アクシデント

料金がメーターと違います 車費跟跳表不一樣！ ツァーフェイケンティアオピャオブーイーヤン 	高速道路 高速公路 カオスーコンルー
工事中です 施工中 スーコンツォン	渋滞 塞車 サイツァー 
通行止め 禁止通行 チンヅートンシン	一方通行 單行道 タンシンタオ

仲良くなる

トラブル

地下鉄・バスほか

～へ行きたいです 我要去～ ウォーヤオチゥィ～ 	最寄りのMRTの駅 最近的捷運站 ツェイチンダチエユンツァン

切符売り場で

切符を買いたいです 我想買票 ウォーシアンマイピャオ 	普通券（一般の切符） 車票 ツァーピャオ
TAIPEI PASS 台北觀光護照 ダイペイクワンクワンフーチアオ 	MRT一日乗車券 一日票 イーズーピャオ 
悠遊カード（IC乗車券） 悠遊卡 ヨウヨウガー 	（IC乗車券の） チャージ 加値 チアズー	払い戻し 退票 トゥェイピャオ
いくらですか？ 多少錢？ トゥオザオチエン	小銭がありません 沒有零錢 メイヨウリンチエン

切符売り場 售票口 ソウピャオコウ	改札口 剪票口 チエンピャオコウ
トイレ 洗手間 シーゾウチエン 	ホーム 月台 ユエタイ

改札で

すみません (呼びかけの言葉)
對不起
トェイブーチー

払い戻ししてください
我要退票
ウォーヤオトェイピャオ

改札を通れません
剪票口進不去
チエンピャオゴウチンブーチュイ

大きな荷物があります
我有大的行李
ウォーヨウターダシンリー

どの改札から入ればいいですか?
從哪一個剪票口進去比較好
ツォンナアイーガチエンピャオコウチンチュイビーチアオハオ

~に行くにはどの出口ですか?
往~的出口是哪一個?
ワン~ダツーコウスーナアイーガ

ホーム・車内で

~行きのホームはここでいいですか?
往~的月台是這裡嗎?
ワン~ダユエタイズーツェーリーマ

反対側のホームです
對面的月台
トェイミエンダユエタイ

~に着いたら教えてください
到~的時候,請告訴我
タオ~ダズーホウ、チンカオスウウォー

乗り換えはどこですか?
在哪裡要換車?
ツァイナアリーヤオホウンツァー

~はまだですか?
~還沒到嗎?
~ハイメイタオマ

もう過ぎました
已經過了
イーチングオラ

まだです
還沒
ハイメイ

あと何駅ですか?
還有幾站呢?
ハイヨウジーツァンナ?

次の駅
下一站
シアイーツァン

台北地図

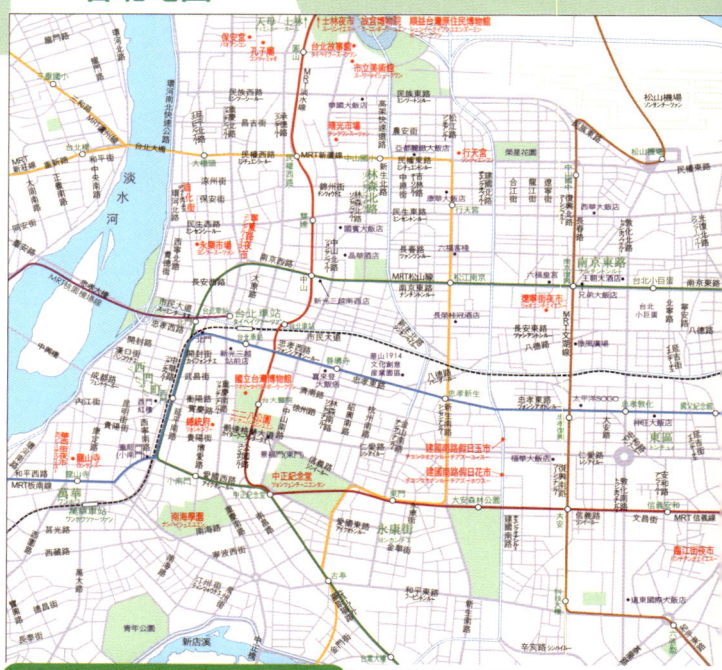

台北市内の主なエリア

万華	西門町	公館
萬華	**西門町**	**公館**
ワンホア	シーメンティン	コンクウン

東区 (忠孝東路エリア)	士林	天母
東區	**士林**	**天母**
ドンチュィ	スーリン	ティエンムー

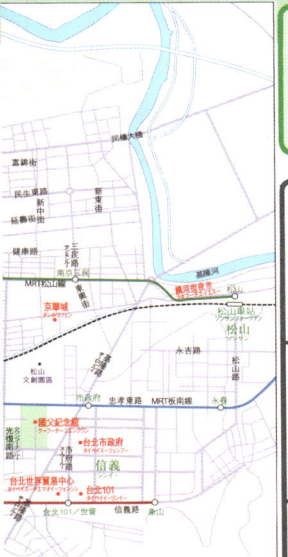

～に行きたいです
我想去～
ウォーシァンチュィ

行天宮 **行天宮** シンティエンコン 	永康街 **永康街** ヨンカンチエ
故宮博物院 **故宮博物院** クーコン ボーウーユエン 	台北駅 **台北車站** ダイベイツァーツァン
寧夏路夜市 **寧夏路夜市** ニンシアルーイエスー	士林夜市 **士林夜市** スーリンイエスー
龍山寺 **龍山寺** ロンサンスー 	饒河街夜市 **饒河街夜市** ラオブーチエイエスー	迪化街 **迪化街** ティーホワチエ
光華商場 **光華商場** クワンホワサンツァン	師大路 **師大路** スーダールー	台北101 **台北101** ダイベイイーリンイー

空港・ホテル

移動

買い物

食事

仲良くなる

トラブル

買い物・遊ぶ

買い物の基本はこの一言から！

いくらですか？
多少錢？
トゥオザオチエン

　楽しいショッピングは何と言ってもこの一言から。英語でハウマッチ？も通じますが、やはり現地の言葉が一番です。事前にメモを用意しておき、値段を書いてもらうのがベストでしょう。本書の28ページも参考にして、積極的に声をかけてみましょう。

最大のピンチを切り抜けるために

トイレはどこですか？
洗手間在哪裡？
ジーゾウチエンツァイナアリー

　どこへ言っても必須の一言。台北の場合、公衆トイレが整備されていますが、清潔度はイマイチなので、大きなホテルやデパート、飲食店に駆け込むのがベスト。銀行やオフィスビルなどでも借りることができます。ファーストフード店などでもOKです。

値切りのやりとりも楽しみたい！

もう少し安くして！
請算便宜一點
チンスワンピエンイーイーティエン

　台湾では正価販売が基本です。それでも、場合によっては値引きに応じてくれるお店があります。やりとりを楽しむといった気持ちでアタックしてみましょう。筆談や電卓を用いて交渉するのも手です。笑顔を忘れずに。

お金と数字

0	1	2	3	4
零 リン	一（壹） イー	二（貳） アー	三（參） サン	四（肆） スー
10	11	12	13	14
十（拾） ズウ	十一 ズウイー	十二 ズウアー	十三 ズウサン	十四 ズウスー
60	70	80	90	100
六十 リョウズウ	七十 チーズウ	八十 パーズウ	九十 チョウズウ	一百 イーバイ

お札

100元 一百元 イーバイユエン	500元 五百元 ウーバイユエン
1000元 一千元 イーチエンユエン	

コイン

1元 一元 イーユエン	5元 五元 ウーユエン
10元 十元 ズウユエン	50元 五十元 ウーズウユエン

5 五（伍） ウー	6 六（陸） リョウ	7 七（柒） チー	8 八（捌） パー	9 九（玖） チョウ
15 十五 ズゥウー	20 二十 アーズゥ	30 三十 サンズゥ	40 四十 スーズゥ	50 五十 ウーズゥ
200 二百 リャンバイ	1000 一千 イーチエン	2000 兩千 リャンチエン	5000 五千 ウーチエン	10000 一萬 イーワン

これをください
請給我這個
チンゲイウォーツェーガ

いくらですか？
多少錢？
トゥオザオチエン

～元
～元
～ユエン

もう少し安くして
請算便宜一點
チンスワン ピエンイー イーティエン

支払いはカードでいいですか？
可以刷卡嗎？
クーイー スワガーマ

空港・ホテル / 移動 / 買い物・遊ぶ / 食事 / 仲良くなる / トラブル

29

おみやげ

〜を買いたいです
我想買〜
ウォーシアンマイ〜

〜はどこに売っていますか？
哪裡有賣〜？
ナアリーヨウマイ〜

目当てのお店に行くために

〜に行きたい
我想去〜
ウォーシアンチュィ〜

この本(地図)を見てください
請您看這本書(這張地圖)
チンニンカンツェーベンスー
(ツェーツァンティートゥー)

ハンコ 印章 インツァン	工芸品 工藝品 コンイーピン
ヒスイ 翡翠(玉) フェイツェイ(ユィ)	からすみ 烏魚子 ウーユィツ 
パイナップルケーキ 鳳梨酥 フォンリースー	ドライフルーツ 乾果 カングオ 
台湾式 フルーツの砂糖漬け 蜜餞 ミーチエン	フルーツティー 水果茶 スェイクオツァー
自然派コスメ 天然美容産品 ティエンラン メイロンツァンピン 	茶器 茶具 ツァーチュィ 

これ(あれ)を見せてください	これは何ですか？
請給我這個(那個)	這是什麼？
チンゲイウォーツェーガ(ネイガ)	ツェースーセンマ？

どうやって使うの？	必要ありません
要怎麼用呢？	我不要了
ヤオゼンマヨンナ	ウォーブーヤオラ

紹興酒	中国結び
紹興酒	中國結
サオシンチョウ	ツォングオチエ

月餅	太陽餅
月餅	太陽餅
ユエビン	タイヤンビン

レトロな花柄生地	ハガキ
台湾花布	明信片
タイワンホワブー	ミンシンピエン

包んでください	別々に包んでください	有料
請幫我包起來	請分開包	收費
チンバンウォーバオチーライ	チンフェンカイバオ	ゾウフェイ

壊れないようにしてください	袋をください	無料
請幫我包好	請給我袋子	免費
チンバンウォーバオバオ	チンゲイウォータイツ	ミエンフェイ

空港・ホテル / 移動 / 買い物・遊ぶ / 食事 / 仲良くなる / トラブル

服・雑貨

～はありますか？ ～有嗎？ ～ヨウマ	～はどこにありますか？ ～在哪裡？ ツァイナアリー

Tシャツ T恤 ティーシュー 	長袖 長袖 ツァンシオウ	半袖 短袖 トゥワンシオウ
ノースリーブ 無袖 ウーシオウ	スカート 裙子 チュンツ  	ワンピース 連身裙 リエンセンチュン
ジャケット 夾克 チアク 	ズボン 褲子 クーツ	半ズボン 短褲 トゥワンクー
帽子 帽子 マオツ 	サンダル 涼鞋 リャンシエ 	眼鏡 眼鏡 イエンチン
ネックレス 項鍊 シエンリエン  	ピアス 穿洞耳環 ツワントンアーホワン 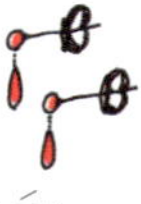	指輪 戒指 チエズー 

洋服のサイズ

もっと〜なのはありませんか？
有沒有〜一點的？
ヨウメイヨウ〜イーティエンダ？

ある	ない
有 	沒有
ヨウ	メイヨウ

大きい	小さい	新しい
大 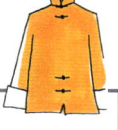	小	新
ター	シアオ	シン

流行の	安い	おすすめを紹介してください
流行	便宜	幫我介紹一下
リョウシン	ピエンイー	バンウォーチエシアオイーシア

色のバリエーション

他の色ありませんか？
有沒有別的顔色？
ヨウメイヨウビエダイエンサー

着てみていい？
可以試穿嗎？
グーイー スーツワンマ

白	黒	赤
白色	黑色 	紅色 
バイサー	ヘイサー	ホンサー

黄	青	緑
黃色 	藍色 	綠色
ホワンサー	ランサー	リュィサー

絹	綿	麻	ナイロン
絲	棉	麻	尼龍
スー	ミエン	マー	ニーロン

マッサージ・変身撮影ほか

マッサージ

どんなコースがありますか？
有什麼樣的服務項目？
ヨウセンマヤンダブーウーシアンムー

～をしたいです
我想做～
ウォーシアンツォ～

足つぼマッサージ 腳底按摩 チアオティーアンモー 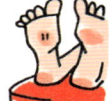	全身マッサージ 全身按摩 チュエンセンアンモー 
アロマテラピー 精油按摩 チンヨウアンモー	カッピング 拔罐 バークウン 
シャンプーマッサージ 洗頭髮 シートウファー	台湾版接骨院 國術館 クオスークウン
スリムマッサージ 瘦身按摩 ゾウセンアンモー	健康歩道 健康歩道 チエンカンブータオ 

～でも大丈夫？ ～也可以嗎？ ～イエグーイーマ	生理中 生理期 センリーチー	敏感肌 敏感皮膚 ミンガンピーフー

もっと強く 重一點！ ツォンイーティエン 	弱く 輕一點 チンイーティエン	気持ちいい 很舒服！ ヘンスーフー 

変身撮影

～を見たいです
我想看～
ウォーシアンカン～

サンプル	衣装
樣本	衣服
ヤンベン	イーフー

チャイナドレス	ウェディングドレス	イブニングドレス
旗袍	婚紗	晚禮服
チーパオ	フンサー	ワンリーフー

カツラ	タキシード	他のもの
假髮	燕尾服	其他的
チアファー	イエンウェイフー	チーターダ

出来上がりはいつですか？	郵送代はおいくらですか？
什麼時候可以好？	郵費多少錢？
センマズーホウ グーイーハオ	ヨウフェイ トゥオザオチエン

温泉

～をください
請給我～
チンゲイウォー

水着は必要ですか？
需要穿泳衣嗎？
シュィヤオツワンヨンイーマ

タオル	せっけん	シャンプー
毛巾	香皂	洗髮精
マオチン	シアンツァオ	シーファーチン

猫カフェ

この猫の名前はなんですか？	どの猫が人気ですか？
這隻貓叫什麼？	哪一隻貓最受歡迎？
ツェーズーマオチアオセンマ	ナアイーズーマオツェイソウホワンイン

観光・エンタメ

~に行きたいです 我要去~ ウォーヤオチュィ~	~が見たいです 我想看~ ウォーシアンカン~

今日は開いてますか？ 今天有沒有開放？ チンティエンヨウメイヨウカイファン？	チケットはどこで買えますか？ 在哪裡買票？ ツァイナアリーマイピャオ

入場券 門票 メンピャオ	何時から 從幾點 ツォンジーティエン	何時まで 到幾點 タオジーティエン

主要観光地

故宮博物院 故宮博物院 クーコンボーウーユエン 	総統府 總統府 ツォントンブー 
二二八公園 二二八公園 アーアーバーコンユエン	国立台湾博物館 國立台灣博物館 グオリーダイワンボーウークゥワン
台北101 台北101 ダイベイイーリンイー 	龍山寺 龍山寺 ロンサンスー 
孔子廟 孔子廟 コンヅーミャオ 	行天宮 行天宮 シンティエンゴン 

行き方を教えてください	タクシーを呼んでください
請告訴我怎麼走	請幫我叫計程車
ヂンガオスウウォーゼンマゾウ	ヂンバンウォーチアオヂーツェンツァー

ここから近い？	近い	遠い
離這裡遠不遠？	近	遠
リーツェーリーユエンブーユエン	ヂン	ユエン

エンターテイメント

占い	夜市
算命	夜市
スウンミン	イエスー

映画	伝統芸能
電影	傳統藝能
ティエンイン	ツワントンイーノン

カラオケ	クラブ
KTV	夜店
ケーティーヴィー	イエティエン

日本語を話す人はいますか？
有沒有會説日文的人？
ヨウメイヨウホエイスオズーウェンダレン

トイレはどこですか？	写真を撮ってもいいですか？
洗手間在哪裡？	可不可以拍照？
ジーゾウヂエンツァイナアリー	クーブークーイーパイツァオ

空港・ホテル / 移動 / 買い物・遊ぶ / 食事 / 仲良くなる / トラブル

食事

街中でおいしそうな物を見つけたら

これ、ください
請給我這個！
チンケイウォーツェーガ

　台湾では通りすがりにおいしそうな物を見つけてしまうことがよくあります。そんな時は、とりあえず、指さしでこの一言を添えればOKです。値段がわからない時は28ページを見せるとスムーズです。

しっかりと伝えたい美味しさの感動

> おいしい
> 好吃
> ハオヅー

　おいしい料理に出会った感激はストレートに伝えたいもの。お店の人もきっと喜んでくれるはずです。「とてもおいしい」は「很好吃（ヘンハオツー）」。ちなみに台湾語では「眞好呷（ちんほーちゃ）」と言います。こちらも喜ばれること確実の一言です。

積極的におすすめを聞いてみよう

> おすすめは何ですか？
> 推薦的菜是什麼？
> トェイチエンダツァイスーセンマ

　台湾のレストランや屋台にはそれぞれ得意とする料理があります。積極的におすすめを尋ねてみましょう。その日に仕入れたネタによっても変わってきます。店員さんだけでなく、お客さんに聞いてしまうのも手。

いただきます

おなかがすいて死にそう 餓得要命！ アーダヤオミン	すみませ〜ん！（店員への呼びかけの言葉） 小姐（女） / 先生（男） シアオチエ / シエンセン
〜が食べたい 我想吃〜 ウォーシアンツー〜	〜がほしい 我要〜 ウォーヤオ〜
おすすめは？ 推薦的菜是什麼？ トェイチエンダツァイスーセンマ	メニューを見せてください 請給我看菜單 チンケイウォーカンツァイタン

台湾料理 台湾菜 ダイワンツァイ	北京料理 北京菜 ベイチンツァイ	山東料理 山東料理 サントンリャオリー

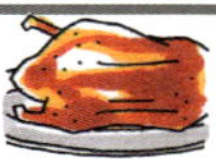

上海料理 上海菜 サンハイツァイ	湖南料理 湖南菜 フーナンツァイ	広東料理 廣東菜 クワントンツァイ	四川料理 四川菜 スーツワンツァイ

大盛り 大碗 ダーワン	普通盛り 小碗 シアオワン	もう一杯！ 再一碗 ツァイイーワン

料理がまだ来ていません 菜還沒來！ ツァイハイメイライ	これはなんですか？ 這是什麼？ ツェースーセンマ

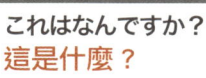

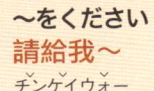

~をください 請給我~ チンゲイウォー	スプーン 湯匙 タンヅー	フォーク 叉子 ツァーツ
皿 盤子 パンツ	はし 筷子 クウィツ	器 碗 ワン
コップ 杯子 ペイツ	灰皿 煙灰缸 イエンフェイガン	喫煙OK？ 可以抽煙嗎？ グーイーツォウイエンマ

味の表現

とても~ 很~ ヘン	~でない 不~ ブー	ちょっと~ 有一點~ ヨウイーティエン
おいしい 好吃 ハオヅー	辛い 辣 ラー	香りがよい 很香 ヘンシアン
甘い 甜 ティエン	すっぱい 酸 スワン	油っぽい 油膩 ヨウニイ

とても満足です 我很滿意！ ウォーヘンマンイー	お勘定してください 買單 マイタン	領収書 收據 ソウチュイ

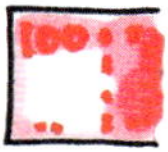

空港・ホテル / 移動 / 買い物 / 食事 / 仲良くなる / トラブル

食材・料理法

〜が食べたい
我想吃〜
ウォーシアンツー

食材

豚肉 **豬肉** ズーロウ 	牛肉 **牛肉** ニョウロウ 
鶏肉 **雞肉** チーロウ 	羊の肉 **羊肉** ヤンロウ 
アヒルの肉 **鴨肉** ヤーロウ 	魚 **魚** ユィ 
ご飯 **白飯** バイファン 	野菜 **蔬菜** スーツァイ 
フルーツ **水果** スェイグオ 	デザート **甜點** ティエンティエン 
軽食・スナック **小吃** シアオヅー 	セットメニュー **套餐** タオツァン

42

どう調理するとおいしいですか？
怎麼煮比較好吃？
ゼンマズー ビーチアオバオツー

料理法

煎 チエン 大きな平鍋にたっぷりと油を敷いて、その上で煎る。屋台料理に多い	**炸** ザー 深鍋に油を入れて揚げる。いわゆる揚げもの。強い火力がポイント
炒 ツァオ 油を使って素材を混ぜながら火を通すこと。チャーハンを作る要領	**爆** バオ 「炒」よりも短時間でサッと炒める。高温の油を使うのがポイント
蒸 ツェン 蒸気を用いて蒸した料理のこと。蒸籠を用いるのが基本となる	**烤** カオ 直火で素材をあぶること。焼肉や串焼きなどはここに含まれる
煮 ズー お湯やスープの中に素材を入れて、じっくりと煮込むことをいう	**燴** ホェイ とろみのきいたいわゆる「あんかけ」。広東料理で多く見られる
滷 ルー かなり濃いタレの中で素材をじっくりと煮込み、味を染み込ませる	**燒** サオ 一度火を通して、それからさらに手を加えて仕上げる料理法
燉 トゥン 土鍋などを用いて煮込んだ料理。滋養たっぷりのものが多い	**涮** スワ お湯やスープで湯通ししてタレを付ける。シャブシャブ等の要領

屋台で

～をください	いくらですか？
請給我～　チンゲイウォー	多少錢？　トゥオ ザオ チエン

臭豆腐 **臭豆腐**　チョウトウフ	カキ入りオムレツ **蚵仔煎**　おーあーちぇん（台湾語）	肉入り台湾もち **肉圓**　ばーわん（台湾語）
おこわ **米糕**　びーこー（台湾語）	肉入りとろみスープ **肉羹**　ロウケン	エビの揚げ物 **蝦捲**　シア チュエン
さつま揚げ **甜不辣**　ティエンブーラー	台湾風バーガー **刈包**　こわばう（台湾語）	台湾風クレープ **潤餅**　ルンピン
すり身団子スープ **貢丸湯**　コンワンタン	カキ入り台湾そうめん **蚵仔麺線**　おーあーみーそわ（台湾語）	台湾風そぼろご飯 **魯肉飯**　ルーロウファン
ビーフン炒め **炒米粉**　ツァオミーフェン	焼きギョーザ **鍋貼**　クオ ティエ	上海風揚げギョーザ **生煎包**　センチエンパオ

四川風辛味ワンタン 紅油抄手　ホンヨウツァオゾウ	**リブ肉の薬膳スープ** 藥燉排骨　ヤオトゥンパイクー	**スープなしめん** 乾麵　カンミエン
おでん 黑輪　おれん(台湾語)	**ちまき** 粽子　ツォンツ	**大根もち** 蘿蔔糕　ルオポーカオ
台湾風煮込みもの 滷味　ルーウェイ	**台湾風揚げもの** 鹽酥雞　イエンスーチー	**台湾おにぎり** 飯糰　ファントワン

菓子・スナック

パイナップルケーキ 鳳梨酥　フォンリースー	**カスタードタルト** 蛋塔　タンター	**イチゴやプチトマトの水飴** 糖葫蘆　タンフールー
ホットドッグ 熱狗　ルーゴウ	**麦芽の水飴** 麥芽糖　マイヤータン	**大判焼き** 紅豆餅　ホントウピン
ピーナッツもち 花生蔴糬 ホワセンマーシュィ	**イモボール** 地瓜球 ティークワチョウ	

空港・ホテル

移動

買い物

食事

仲良くなる

トラブル

デザート・飲み物

これをください 請給我這個 チンゲイウォーツェーガ	いくらですか？ 多少錢？ トゥオザオチエン

デザート

ゼリー 愛玉 アイユィ	仙草ゼリー 仙草 シエンツァオ	タピオカ風デザート 青蛙下蛋 チンワーシアタン
豆腐プリン 豆花 トウホワ	アイスクリーム 冰淇淋 ピンチーリン	マンゴーかき氷 芒果冰 マングオピン
アンニンドーフ 杏仁豆腐 シンレントウフ	タピオカココナッツ 西米露 シーミールー	かき氷 剉冰 つわぴん(台湾語)
シャーベットで 作ったかき氷 雪花冰 シュエホワピン	お汁粉 紅豆湯 ホントウタン	フルーツの 盛りあわせ 綜合水果 ツォンブースェイグオ

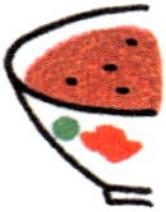

果物

バナナ 香蕉 シアンチアオ	マンゴー 芒果 マングオ	グアバ 芭樂 バーラー
スターフルーツ 楊桃 ヤンタオ	ライチ 荔枝 リーズー	シャカトウ 釋迦 スーチア

ドラゴンフルーツ 火龍果 フオロングオ	ジャックフルーツ 波羅蜜 ポールオミー	レンブ 蓮霧 リエンウー

飲み物

パパイヤミルク 木瓜牛奶 ムークワニョウナイ	スイカジュース 西瓜汁 シークワズー	コーヒー紅茶 咖啡紅茶 カーフェイホンツァー
アイスレモンティー 冰檸檬紅茶 ビンニンモンホンツァー	シェイカーで作った紅茶 泡沫紅茶 パオモーホンツァー	タロイモミルクティー 芋香奶茶 ユィシアンナイツァー
プラムジュース 酸梅湯 スワンメイタン	キンカンジュース 金桔汁 チンチーズー	タピオカミルクティー 珍珠奶茶 ツェンズーナイツァー
豆乳 豆漿 トウチアン	シェイク 奶昔 ナイシー	ミネラルウォーター 礦泉水 クワンチュエンシェイ
台湾版ドクターペッパー 沙士 サーズー	ラテ 拿鐵 ナーティエ	コカコーラ 可口可樂 クーコウクーラー
ヤクルト 養樂多 ヤンラードー	スプライト 雪碧 シュエビー	カルピス 可爾必斯 クーアービースー

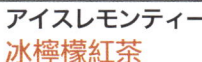

空港・ホテル / 移動 / 買い物 / 食事 / 仲良くなる / トラブル

47

お茶

おすすめの茶芸館を教えてください
請介紹你推薦的茶藝館
チンチエサオニイトェイチエンダツァーイークゥン

お茶屋さん	製茶工場	茶業研究所	お茶農家
茶行	製茶廠	茶葉改良場	茶農
ツァーハン	ズーツァーツァン	ツァーイエガイリャンツァン	ツァーノン

お茶の入れ方を教えてください
請教我怎麼泡茶
チンチアオウォーゼンマパオツァー

茶器と茶道具

濃さを均一にする器	急須	急須の下に置き、こぼれた水を受ける皿
茶海（公杯）	茶壺	茶盤
ツァーバイ	ツァーフー	ツァーパン

湯のみ	急須から茶葉を取り出すときに使う匙	使う分量の茶葉を置いておく
口杯／茶杯	茶夾	茶荷
コウペイ／ツァーペイ	ツァーチア	ツァーフー

このお茶がほしいです	お湯を足してください
我要這個茶	請幫我加熱水
ウォーヤオツェーガツァー	チンバンウォーチアルースェイ

発酵	焙煎	600g	300g
發酵	烘焙	一斤	半斤
ファーシアオ	フォンペイ	イーチン	バンチン

お茶の種類

高山茶	高山茶	カオサンツァー
凍頂山ウーロン茶	凍頂烏龍茶	トンティンウーロンツァー
熟成ウーロン茶	陳年烏龍茶	ツェンニエンウーロンツァー
ウーロン茶	烏龍茶	ウーロンツァー
東方美人茶	東方美人茶	トンファンメイレンツァー
鉄観音	鐵觀音	ティエクワンイン
金萱茶	金萱茶	チンシュエンツァー
プーアル茶	普洱茶	プーアーツァー
緑茶	綠茶	リュィツァー
龍井茶	龍井茶	ロンチンツァー
ジャスミン茶	茉莉花茶	モーリーホワツァー
包種茶	包種茶	バオツォンツァー

試飲してもいいですか？
可以試喝嗎？
グーイースーフーマ

どこ産のお茶ですか？
這是哪裡產的茶？
ツェースーナアリーツァンダツァー

味の表現

のど元を過ぎて、口先に戻ってくるような香り	有回甘	ヨウホェイカン
花のような香り	花香味	ホワシアンウェイ
フルーツのような香り	果香味	グオシアンウェイ
甘い	甜	ティエン
苦い	苦	グー
渋い	澀	サー
酸っぱい	酸	スワン

空港・ホテル / 移動 / 買い物 / 食事 / 仲良くなる / トラブル

仲良くなる

日本語ができる人にもあえて台湾華語で言ってみる

はじめまして
初次見面
ツーツチエンミエン

　お世話になる初対面の人への挨拶はこれ。「どうぞよろしくお願いします！」と気持ちを込めて口にすれば、ぐっとなごやかな雰囲気になります。細かい発音は気にせずに元気よく気持ちを伝えましょう。笑顔も忘れずに！

「ありがとう」は何よりも気持ちが大事

> ありがとう
> 謝謝
> シェシェ

　これは絶対に覚えておきたい言葉。台湾の人々も頻繁に使っているフレーズです。発音も簡単なのでぜひ使ってみましょう。台湾語では「多謝（とーしあ）」。これは２度繰り返して発音するとよく通じます。なお、日本語の「ありがとう」もそのまま通じてしまうことが多いです。

「こんにちは」だけは覚えておきたい

> こんにちは
> 你好
> ニィハオ

　誰に会ってもまずはこの一言です。時間帯を気にせずに使える究極の挨拶。積極的に声をかけてみましょう。台湾の人々は気さくな方が多いので、きっと笑顔で迎えてくれるはずです。慣れてきたら台湾語で「りーほー」と言ってみるのも手。

51

自己紹介

はじめまして 初次見面 ツーツチエンミエン	会えてうれしいです 我很高興認識您！ ウォーベンカオシンレンスーニン

私の名前は〜です 我叫〜 ウォーチアオ〜	あなたのお名前は？ 您貴姓？ ニンクェイシン
私は日本人です 我是日本人 ウォーズーズーベンレン	日本の〜から来ました 從日本的〜來的 ツォンズーベンダ〜ライダ
日本語は話せますか？ 您會説日文嗎？ ニンホェイスオズーウェンマ	出身はどこですか？ 您出身在哪裡？ ニンズーセンツァイナアリー

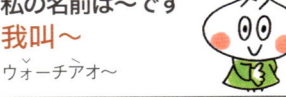

〜と一緒に来ました
我跟〜一起來的
ウォーゲン〜イーチーライダ

彼氏 男朋友 ナンポンヨウ	彼女 女朋友 ニュイポンヨウ

友達 朋友 ポンヨウ	父 爸爸 パーパ	母 媽媽 マーマ	子ども 小孩 シアオバイ

おいくつですか？ 你幾歲？ ニイジースイ	私は〜歳です 我〜歳 ウォー〜スイ

初めて台湾に来ました 第一次來台灣 ティーイーツライダイワン	～回目です 第～次 ティー～ツ	
台湾の～に興味があります 對台灣的～很有興趣 トェイタイワンダ～ヘンヨウシンチュウ	～にハマっています 我迷上～ ウォーミーサン～	
食べ物 吃的東西 ツーダドンシー	美容 美容 メイロン	文化 文化 ウェンホワ
お茶 台灣茶・中國茶 ダイワンツァー・ツォンクォツァー	音楽 音樂 インユエ	歴史 歷史 リーズー
お仕事は？ 您的工作是什麼？ ニンダコンツォ スー センマ	学生 學生 シュエセン	大学生 大學生 ターシュエセン
アルバイト 打工 ダーゴン	会社員 上班族 サンパンズー	店員 店員 ティエンユエン
公務員 公務員 ゴンウーユエン	主婦 家庭主婦 チアティンズーフー	求職中 待業中 ダイイエツォン

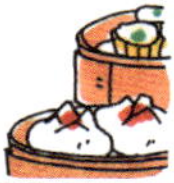

空港・ホテル / 移動 / 買い物 / 食事 / 仲良くなる / トラブル

53

仲良くなる

あなたのおすすめの〜を教えてください
請告訴我您推薦的
チンカオスウウォーニントェイチエンダ

お店 店 ティエン	レストラン 餐廳 ツァンティン	場所(エリア) 地方 ティーファン
料理 料理 リャオリー	音楽 音樂 インユエ	映画 電影 ティエンイン

あなたは〜 您 ニン	彼(彼女)は〜 他(她) ター(ター)
やさしい 溫柔 ウェンロウ	魅力的 有魅力的 ヨウメイリーダ
おもしろい 幽默 ヨウモー	ふとっぱら 大方 ターファン
礼儀正しい 有禮貌 ヨウリーマオ	セクシー 性感 シンガン

～を送りますね	～を教えてください
我會寄～給您	請告訴我您的～
ウォーホェイチー～ゲイニン	チンカオスウウォーニンダ～

写真	手紙	住所	電話番号
照片	信	地址	電話號碼
ツァオピエン	シン	ティーズー	ティエンホワハオマー

Eメール	Facebook	Twitter	ホームページ
電子郵件	FB	推特	網站
ティエンツヨウチエン	エフビー	トェイトー	ワンツァン

書いてみてください	もう一度言ってください
請寫一下	請再説一次
チンジエイーシア	チンツァイスオイーツ

お会いできてよかったです	一緒に写真を撮りましょう
認識你真好	可不可以合照？
レンスーニイツェンバオ	グーブーグーイーフーツァオ

あなたのおかげで台湾が好きになりました
託你的福，我越來越喜歡台湾
トゥオニイダフー、ウォーユエライユエシーホワンダイワン

日本に来るときは連絡してね
來日本的時候，請跟我聯絡！
ライズーベンダスーホウ、チンケンウォーリエンルオ

空港・ホテル / 移動 / 買い物 / 食事 / 仲良くなる / トラブル

時間

いま何時ですか？
現在幾點鐘
シエンツァイ ジーティエンツォン

時計
時鐘
ズーツォン

～時	～分
～點	**～分**
～ティエン	～フェン

1	2	3	4	5	6
一	**二**	**三**	**四**	**五**	**六**
イー	アー	サン	スー	ウー	リョウ
7	8	9	10	11	12
七	**八**	**九**	**十**	**十一**	**十二**
チー	バー	チョウ	ズウ	ズウイー	ズウアー
13	14	15	16	17	18
十三	**十四**	**十五**	**十六**	**十七**	**十八**
ズウサン	ズウスー	ズウウー	ズウリョウ	ズウチー	ズウバー
19	20	21	22	23	24
十九	**二十**	**二十一**	**二十二**	**二十三**	**二十四**
ズウチョウ	アーズウ	アーズウイー	アーズウアー	アーズウサン	アーズウスー

10分
10 分
ズウフェン
20分
20 分
アーズウフェン
30分
30 分
サンズウフェン
40分
40 分
スーズウフェン
50分
50 分
ウーズウフェン

午前	午後
上午	**下午**
サンウー	シアウー

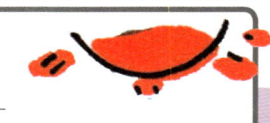

~時に起こしてください ~點,請把我叫醒 ~ティエン、チンバーウォーチアオジン	~時に迎えに来てください 請~點來接我 チン~ティエンライチエウォー
~時にタクシーを呼んでください 請~點幫我叫計程車 チン~ティエンバンウォーチアオチーツェンツァー	~時にここを出発します ~點從這裡出發 ~ティエンツォンツェーリーツーファー
~時の飛行機です ~點的飛機 ~ティエンダフェイチー	何時に着きますか？ 幾點到達？ ジーティエンタオター
~時に予約を入れてください 請幫我預約~點 チンバンウォーユィユエ~ティエン	何時に始まりますか？ 幾點開始？ ジーティエンカイズー
何時に来ればいいですか？ 幾點來比較好？ ジーティエンライビーチアオハオ	何時に終わりますか？ 幾點結束？ ジーティエンチエスー

~時頃 大概~點 ターカイ~ティエン	~分すぎ 過~分鐘 クオ~フェンツォン	~分前 ~分鐘前 ~フェンツォンチエン

どのくらいかかりますか？ 需要多久？ シュィヤオトゥオチョウ	~時間くらい 大概~個小時 ターカイ~ガシアオスー	~分間くらい 大概~分鐘 ターカイ~フェンツォン

空港・ホテル

移動

買い物

食事

仲良くなる

トラブル

日付

曜日

月曜日
星期一
シンチーイー

火曜日
星期二
シンチーアー

水曜日
星期三
シンチーサン

木曜日
星期四
シンチースー

金曜日
星期五
シンチーヴー

土曜日
星期六
シンチーリョウ

日曜日
星期天
シンチーティエン

○月△日
○月△號
○ユエ△ハオ

いつ？

月

1月	2月
一月	二月
イーユエ	アーユエ

3月	4月
三月	四月
サンユエ	スーユエ

5月	6月
五月	六月
ヴーユエ	リョウユエ

7月	8月
七月	八月
チーユエ	パーユエ

9月	10月
九月	十月
チョウユエ	スウユエ

11月	12月
十一月	十二月
スウイーユエ	スウアーユエ

昨日	今日	明日
昨天	今天	明天
ツオティエン	チンティエン	ミンティエン

1	2	3	4	5	6	7	8
一	二	三	四	五	六	七	八
イー	アー	サン	スー	ウー	リョウ	チー	バー
9	10	11	12	13	14	15	16
九	十	十一	十二	十三	十四	十五	十六
チョウ	ズウ	ズウイー	ズウアー	ズウサン	ズウスー	ズウウー	ズウリョウ
17	18	19	20	21	22	23	24
十七	十八	十九	二十	二十一	二十二	二十三	二十四
ズウチー	ズウパー	ズウチョウ	アーズウ	アーズウイー	アーズウアー	アーズウサン	アーズウスー
25	26	27	28	29	30	31	
二十五	二十六	二十七	二十八	二十九	三十	三十一	
アーズウウー	アーズウリョウ	アーズウチー	アーズウパー	アーズウチョウ	サンズウ	サンズウイー	

定休日	祝日
公休日	國定假日
ゴンシォウズー	グオティンチアズー

いつ台湾に来たの？	いつ日本に帰るの？
什麼時候來台湾的？	什麼時候回日本？
センマズーホウ ライタイワンダ	センマズーホウ ホェイズーベン

空港・ホテル / 移動 / 買い物 / 食事 / 仲良くなる / トラブル

トラブル

盗まれたら、落ち込む前にまず届出を

盗まれました！
被偸了！
ベイトウラ

　盗難に遭ってしまったら、まずはホテルの人などに相談して警察に連絡。海外旅行保険（携行品保険）に入っている場合は盗難証明書を発行してもらうこと。また、保険会社のコールセンターに相談するのも手。クレジットカード紛失の際にはそちらにも電話を！

日本語が話せる人を見つける

日本語ができる人はいませんか
有没有會説日文的人？
ヨウメイヨウホェイズオズーウェンダレン

　トラブルに遭って心細い時、やはり日本語のできる人がいてくれるのはありがたいかぎり。もしその場にいなくても、きっと誰かを探してきてくれるはずです。もし、どうしてもいないようだったら、紙を用意して漢字で「筆談」を。

体調が悪くてどうにもならない、そんな時…

病院に行きたい
我想去醫院
ウォーシアンチュィイーユエン

　調子が悪くなってしまったら、まずはホテルなどで相談するのが一番。症状によっては治療費が高いこともあるので、海外旅行保険がきくかどうかを必ず確認しましょう。日本語が通じる病院を探してもらうことも可能です。

盗難・犯罪

~を盗まれた	~がなくなった
~被偷了	~不見了
~ベイトウラ	~ブーチエンラ

クレジットカード	お金	サイフ
信用卡	錢	錢包
シンヨンカー	チエン	チエンバオ

パスポート	カバン	デジカメ
護照	皮包	數位相機
フーツァオ	ピーバオ	スーウェイシアンチー

各種紛失手続き

再発行をお願いします	紛失証明書が欲しいです
麻煩您再發行一次	我要遺失證明
マーファンニンツァイファーシンイーツ	ウォーヤオイースーツェンミン

できます	できません
可以	不可以
クーイー	ブークーイー

緊急連絡

ここに電話してください	旅行会社
請打電話給這裡	旅行社
チンダーティエンホワケイツェーリー	リュイシンサー

日本台湾交流協会	警察
日本台灣交流協會	警察
ズーベンタイワンチアオリョウシエホェイ	チンツァー

※台湾と日本には正式な国交はないため大使館はない。"日本台湾交流協会"という組織がその業務を代行している

助けてください！	やめて！
救救我！	不要這樣！
チョウチョウウォー	ブーヤオツェーヤン

犯罪の種類

どろぼう	スリ
小偷	扒手
シアオトウ	パーゾウ

殴られた	騙された
被打	被騙
ペイダー	ペイピエン

レイプされた	交通事故
被強暴	車禍
ペイチアンバオ	ツァーフオ

相談する

～（場所）で被害にあいました
在～遇害
ツァイ～ユィハイ

日本語を話す人はいますか？
有沒有人會説日文？
ヨウメイヨウレンホェイスオズーウェン

落ち着いて	心配しないで
冷靜點！	別擔心
レンチンティエン	ビエタンシン

空港・ホテル / 移動 / 買い物 / 食事 / 仲良くなる / トラブル

薬・病院

薬が欲しいです **我想買藥** ウォーシアンマイヤオ	近くの薬局を教えてください **請告訴我附近的藥局** チンカオスウウォーフーチンタヤオチュィ

薬の種類

カゼ薬 **感冒藥** ガンマオヤオ	胃腸薬 **胃腸藥** ウェイツァンヤオ
下痢止め **止瀉藥** ヅーシエヤオ	痛み止め **止痛藥** ヅートンヤオ
目薬 **眼藥水** イエンヤオスェイ	ばんそうこう **OK繃** OKポン
湿布 **酸痛貼布** スワントンティエブー	体温計 **體溫計** ティーウェンチー

薬の飲み方

一日1回 **一天吃一次** イーティエンツーイーツ	1回〜錠 **一次吃〜顆** イーツツー〜ク
食前 **飯前** ファンチエン	食後 **飯後** ファンホウ

病院に行きたいのですが	日本語は通じますか？
我想去醫院	日文可以通嗎？
ウォーシアンチュィイーユエン	ズーウェングーイートンマ

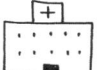

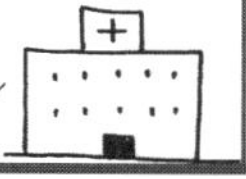

診察・治療

～が必要です	海外旅行保険に入っています
需要～	我有投保海外平安險
シュィヤオ～	ウォーヨウトウバオハイワイピンアンシエン

注射	点滴
打針	點滴
ダーツェン	ティエンティー

入院	検査
住院	檢查
ズーユエン	チエンツァー

心配いりません	安静にしてください
不要擔心	請不要亂動
ブーヤオタンシン	チンブーヤオルワンドン

いくらですか？	～をください
多少錢？	請給我～
トゥオサオチエン	チンゲイウォー

診断書	領収書
診斷書	收據
ツェントゥワンスー	ショウチュィ

症状を伝える

具合が悪いです 不舒服 ブースーフ	〜が痛い 〜痛 トン〜

下痢している 拉肚子 ラートゥーツ	吐き気がする 想吐 シアントゥー	胃が痛い 胃痛 ウェイトン
カゼをひいた 感冒了 ガンマオラ	頭が痛い 頭痛 トウトン	めまいがする 頭暈 トウユン
熱がある 發燒 ファーザオ	だるい 全身無力 チュエンセンウーリー	貧血 貧血 ピンシュエ
やけど 燙傷 タンサン	かゆい 癢 ヤン	生理痛 經痛 チントン
盲腸炎 盲腸炎 マンツァンイエン	インフルエンザ 流行性感冒 リョウシンシンガンマオ	過労による病気 操勞過度 ツァオラオクオトゥー

アレルギー体質です 過敏體質 クオミンティーヅー	妊娠しています 懷孕 ホワイユン

頭 頭 トウ	額 額頭 アートウ	目 眼睛 イエンチン	耳 耳朵 アートゥオ
口 嘴 ツェイ	舌 舌頭 サートウ	歯 牙歯 ヤーヅー	鼻 鼻子 ビーツ
肩 肩膀 チエンパン			首 脖子 ポーツ
腕 手臂 ゾウペイ			胸 胸 シオン
ひじ 手肘 ゾウツォウ			乳房 乳房 ルーファン
手 手 ゾウ			背 背 ペイ
ひざ 膝蓋 シーカイ	腹 肚子 トゥーツ	腰 腰 ヤオ	尻 屁股 ピークー
足 脚 チアオ	足の裏 脚底 チアオティー	性器 生殖器 センズーチー	肛門 肛門 カンメン

空港・ホテル

移動

買い物・遊ぶ

食事

仲良くなる

トラブル

日本語 ⇢ 台湾華語単語集

あ行

愛
愛
アイ

愛する
愛
アイ

合気道
合氣道
フーチータオ

あいさつ
問候
ウェンホウ

アイスコーヒー
冰咖啡
ピンカーフェイ

アイスクリーム
冰淇淋
ピンチーリン

アイスティー
冰紅茶
ピンホンツァー

空いている（時間）
有空
ヨウコン

アイドル
偶像
オウシアン

アイロン
熨斗
ユントウ

会う
見面
チエンミエン

青い
藍色
ランサー

赤い
紅色
ホンサー

明るい
明亮
ミンリャン

明るい（性格）
開朗
カイラン

秋
秋天
チョウティエン

悪循環
惡性循環
オーシンシュンホワン

アクセサリー
飾品
スーピン

あげる（人に）
給
ケイ

揚げる
炸
ザー

朝
早上
ザオサン

明後日
後天
ホウティエン

足
腳
チアオ

足裏マッサージ
腳底按摩
チアオティーアンモー

味
味道
ウェイタオ

味見する
試味道
スーウェイタオ

味の素
味素
ウェイスー

アジア
亞洲
ヤーツォウ

明日
明天
ミンティエン

あずき
紅豆
ホントウ

あずける
寄放
チーファン

あそこ
那邊
ナービエン

遊ぶ
玩
ワン

遊びに行く
去玩
チュィワン

暖かい
溫暖的
ウェンヌワンダ

頭
頭
トウ

新しい
新的
シンダ

68

この単語集は約1800語を収録しています。旅行者にとって必要度の高い言葉を厳選してあります。もう少しくわしい話をしたい、といった時にご活用ください。

アダルトビデオ
A片
エイピエン

暑い
熱的
ルーダ

アップルパイ
蘋果派
ピンクオパイ

アドバイス
建議
チエンイー

あなた
你
ニィ

あなたたち
你們
ニィメン

あなたの
你的
ニィダ

あの
那個
ナーガ

アニメ
卡通
カートン

兄
哥哥
グーグー

姉
姉姉
チエチエ

アヒル
鴨子
ヤーツ

油
油
ヨウ

あまい
甜
ティエン

雨
雨
ユィ

謝る
道歉
タオチエン

洗う
洗
シー

ありがとう
謝謝
シエシエ

あるく
走
ゾウ

アルバイト
打工
ターコン

あれ
那個
ナーガ

アレルギー
過敏
クオミン

暗証番号
密碼
ミーマー

安心
安心
アンシン

安全
安全
アンチュエン

アンティーク
古董
クートン

案内するよ
帯你去
タイニイチュィ

アンニンドウフ
杏仁豆腐
シンレントウフ

胃
胃
ウェイ

いい
好
ハオ

いいえ
不是
ブース一

Eメール
電子郵件
ティエンツヨウチエン

言う
説
スオ

家
家
チア

イカ
花枝
ホワズー

〜行き
往
ワン〜

イギリス
英國
インクオ

行く
去
チュィ

いくつ
幾個
ジーガ

あ〜いく

69

日本語	中文	ピンイン
いくら	多少	トゥオサオ
いくらですか	多少錢	トゥオサオチエン
医者	醫生	イーセン
遺跡	遺蹟	イーチー
いそがしい	忙碌	マンルー
急いで！	快點！	クワイティエン
急いでます	趕時間	カンスーチエン
いたい	痛	トン
炒める	炒	ツァオ
1月	一月	イーユエ
1日	一天	イーティエン
1日おき	隔一天	クーイーティエン
イチゴ	草莓	ツァオメイ
市場	市場	スーツァン
いちばん	第一	ティーイー
胃腸薬	胃腸藥	ウェイツァンヤオ
1回	一次	イーツー
1階	一樓	イーロウ
1週間	一個星期	イーガシンチー
いっしょ	一起	イーチー
いっしょに	在一起	ツァイイーチー
一生懸命	拼命	ピンミン
いっぱい	很多	ヘントゥオ
いつ	什麼時候	センマスーホウ
いつも	每次	メイツ
いなか	鄉下	シアンシア
犬	狗	ゴウ
いのる	祈禱	チータオ
違反	違反	ウェイファン
今	現在	シエンツァイ
妹	妹妹	メイメイ
いらない	不要	ブーヤオ
入り口	入口	ルーコウ
要る	需要	シュイヤオ
色	顏色	イエンサー
印鑑	印章	インツァン
インスタントラーメン	泡麵	パオミエン
インターネット	網路	ワンルー
インターネットカフェ	網咖	ワンカー
インフレ	通貨膨脹	トンフオポンツァン
飲料水	礦泉水	クワンチュエンスェイ
ウイスキー	威士忌	ウェイスーチー
ウール	羊毛	ヤンマオ
上	上面	サンミエン
ウエイター	服務生	フーウーセン

ウエイトレス 服務小姐 フーウーシアオチエ	生まれる 出生 ツーセン	絵をかく 畫畫 ホワホワ
受付 櫃台 クェイタイ	海 海 ハイ	エアコン 空調 コンティアオ
受け取り人 收件人 ソウチエンレン	裏切る 背叛 ペイパン	映画 電影 ティエンイン
受け取る 接受 チエソウ	うらやましい 羨慕 シエンムー	映画館 電影院 ティエンインユエン
うしなう 失去 スーチュイ	売り切れる 賣完 マイワン	英語 英文 インウェン
後ろ 後面 ホウミエン	売る 賣 マイ	エイズ 愛滋病 アイツーピン
(味が) うすい 淡 タン	うるさい 吵 ツァオ	衛生 衛生 ウェイセン
薄い 薄 ポー	うれしい 高興 カオシン	栄誉 榮譽 ロンユィ
うそ 説謊 スオフアン	烏龍茶 烏龍茶 ウーロンツァー	ATM ＡＴＭ エイティーエム
歌 歌 クー	運がいい 好運 ハオユン	笑顔 笑容 シアオロン
歌う 唱歌 ツァンクー	運が悪い 運氣不好 ユンチープーハオ	駅 車站 ツァーツァン
疑う 懷疑 ホワイイー	運賃 交通費 チアオトンフェイ	エコノミークラス 經濟艙 チンチーツァン
打つ 打 ター	運転する 駕駛 チアスー	エステ 美容沙龍 メイロンサーロン
うつくしい 美麗 メイリー	運転手 司機 スーチー	エチケット 禮貌 リーマオ
移す 移動 イートン	絵 畫 ホワ	絵葉書 風景明信片 フォンチンミンシンピエン

71

エビ	蝦子	シアツ
えらい	偉大	ウェイター
選ぶ	選擇	シュエンザー
エレベーター	電梯	ティエンティー
宴会	宴會	イエンホェイ
延期する	延期	イエンチー
エンジニア	工程師	コンソェンスー
演奏する	演奏	イエンツォウ
延長する	延長	イエンツァン
遠慮する	客氣	クーチー
おいしい	好吃	ハオツー
横断歩道	斑馬線	パンマーシエン
往復	來回	ライホェイ
往復切符	來回票	ライホェイピャオ
多い	多	トゥオ
大きい	大	ター
オートバイ	機車	チーツァー
丘	山丘	サンチョウ
おカネ	錢	チエン
起床	起床	チーツワン
奥様	太太	タイタイ
送る	送	ソン
おくれる	遲到	ツータオ
起こす	叫醒	チアオシン
起こる	發生	ファーセン
おこなう	舉行	チュイシン
怒る	生氣	センチー
おごる	請客	チンクー
教える	教	チアオ
おしっこ	小便	シアオピエン
おしぼり	濕紙巾	スーズーチン
オシャレ	時髦	スーマオ
押す	按	アン
おそい	慢	マン
オタク	宅男	ザイナン
追っかけ	追星族	ツェイシンズー
夫	先生	シエンセン
おつり	找錢	ザオチエン
音	聲音	センイン
弟	弟弟	ディーディー
男	男人	ナンレン
男の子	男孩子	ナンハイツ
落とす	遺失	イースー
落とし物	失物	スーウー
訪れる	拜訪	パイファン

おととい
前天
チエンティエン

おとな
大人
ターレン

おとなしい
文靜
ウェンチン

踊る
跳舞
ティアオウー

踊り
舞蹈
ウータオ

おどろく
嚇一跳
シアイーティアオ

お腹が一杯
吃飽
ツーパオ

お腹がすく
肚子餓
トゥーツアー

同じ
一樣
イーヤン

覚えている
記得
チーダ

覚えてない
不記得
ブーチーダ

おみくじ
籤
チエン

おめでとう
恭喜
コンシー

重い
重
ツォン

重さ
重量
ツォンリャン

思う
想
シアン

思い出す
想起來
シアンチーライ

思い出せない
想不起來
シアンブチーライ

思い出
回憶
ホェイイー

おもしろい
有意思
ヨウイース

おもちゃ
玩具
ワンチュイ

表
表面
ビャオミエン

親
父母
フームー

親孝行
孝順
シアオシュン

おやすみなさい
晚安
ワンアン

泳ぐ
游泳
ヨウヨン

織物
編織物
ビエンズーウー

降りる
下車
シアツァー

折る
折
ザー

オレンジ
柳橙
リョウツェン

恩
恩惠
エンホェイ

恩人
恩人
エンレン

音楽
音樂
インユエ

音楽ホール
音樂廳
インユエティン

温室
溫室
ウェンスー

温泉
溫泉
ウェンチュエン

温泉浴
泡溫泉
パオウェンチュエン

温泉旅館
溫泉旅館
ウェンチュエンリュイクワン

温度
溫度
ウェントゥ

女
女人
ニュイレン

女の子
女孩子
ニュイハイツ

か 行

蚊
蚊子
ウェンツ

貝
貝類
ベイレイ

日本語	中国語	発音
～階	～樓	～ロウ
～回	～次	～ツ
海外	國外	クオワイ
海外旅行	海外旅行	ハイワイリュィシン
海岸	海岸	ハイアン
会議	會議	ホェイイー
会計	會計	クワイチー
解決する	解決	チエチュエ
外国人	外國人	ワイクオレン
外国製	外國製	ワイクオチー
改札口	剪票口	チエンピャオコウ
会社	公司	コンスー
会社員	上班族	サンパンツー
懐中電灯	手電筒	ソウティエントン
開店する	開幕	カイムー
ガイド	導遊	ダオヨウ
ガイドブック	旅遊指南	リュウヨウズーナン
買い物	買東西	マイトンシー
潰瘍	潰瘍	クェイヤン
会話	會話	ホェイホワ
買う	買	マイ
返す	還	ホワン
変える	改變	ガイピエン
帰る	回家	ホェイチア
顔	臉	リエン
香り	香味	シアンウェイ
鏡	鏡子	チンツ
カギ	鑰匙	ヤオスー
カギをかける	上鎖	サンスオ
華僑	華僑	ホワチアオ
書留	掛號	クワハオ
書く	寫	シエ
かくす	隱藏	インツァン
学生	學生	シュエセン
カクテル	雞尾酒	チーウェイチョウ
賭けごと	賭博	トゥーポー
過去	過去	クオチュィ
カサ	雨傘	ユィサン
菓子	點心	ティエンシン
火事	火災	フオツァイ
かしこい	聰明	ツォンミン
カジノ	賭場	トゥーツァン
貸す	借	チエ
貸してください	借一下	チエイーシア
数	數	スー

日本語	中国語	発音
ガス	瓦斯	ワース
風	風	フォン
風邪	感冒	カンマオ
風邪薬	感冒藥	カンマオヤオ
家族	家人	チアレン
ガソリン	汽油	チーヨウ
ガソリンスタンド	加油站	チアヨウツァン
硬い	硬	イン
片思い	單戀	タンリエン
かたづける	整理	ツェンリー
片道	單程	タンツェン
片道切符	單程票	タンツェンピャオ
価値がある	有價值	ヨウチアズー
勝つ	獲勝	フオセン
楽器	樂器	ユエチー
カッコイイ	帥	スワイ
学校	學校	シュエシアオ
合唱	合唱	フーツァン
カツラ	假髮	チアファー
家庭	家庭	チアティン
家庭教師	家教	チアチアオ
カード	卡片	カーピエン
蚊取り線香	蚊香	ウェンシアン
カトリック	天主教	ティエンズーチアオ
悲しい	傷心	サンシン
カニ	螃蟹	パンシエ
加入する	加入	チアルー
カネ（money）	錢	チエン
金城武	金城武	チンツェンウー
金持ち	有錢人	ヨウチエンレン
彼女	她	ター
カバン	皮包	ピーパオ
株式会社	股份有限公司	クーフェンヨウシエンコンスー
カフェオレ	咖啡歐蕾	カーフェイオウレイ
我慢する	忍耐	レンナイ
紙	紙	ズー
髪	頭髮	トウファー
カミソリ	刮鬍刀	クワフータオ
噛む	咬	ヤオ
亀	烏龜	ウークェイ
カメラ	照相機	ツァオシアンチー
カメラマン	攝影師	サーインスー
粥	粥	ツォウ
かゆい	癢	ヤン
火曜日	星期二	シンチーアー

日本語	中国語	日本語	中国語	日本語	中国語
カラー写真	彩色照片 ツァイサーツァオピエン	**乾かす**	曬乾 サイカン	**感謝する**	感謝 カンシエ
からい	辣 ラー	**変わる**	變成 ピエンツェン	**患者**	患者 ホワンツァー
カラオケ	卡拉ＯＫ（KTV） カラオケ	**代わる**	代替 タイティー	**感情**	感情 カンチン
ガラス	玻璃 ポーリー	**眼科**	眼科 イエンクー	**勘定する**	買單 マイタン
からだ	身體 センティー	**考える**	考慮 カオリュイ	**感心する**	佩服 ペイフー
借りる	借 チエ	**環境**	環境 ホワンチン	**肝臓**	肝臓 カンツァン
軽い	輕 チン	**環境破壊**	環境破壊 ホワンチンポーホワイ	**感染する**	感染 カンラン
彼	他 ター	**環境問題**	環境問題 ホワンチンウェンティー	**簡単**	容易 ロンイー
彼ら	他們 ターメン	**歓迎する**	歓迎 ホワンイン	**元旦**	元旦 ユエンタン
カレンダー	月暦 ユエリー	**観光**	觀光 クワンクワン	**勘違い**	誤會 ウーホェイ
皮	皮 ピー	**観光客**	觀光客 クワンクワンクー	**乾電池**	乾電池 カンティエンツー
川	河川 フーツワン	**観光地**	觀光景點 クワンクワンチンティエン	**感動する**	感動 カントン
かわいい	可愛 クーアイ	**韓国**	韓國 ハンクオ	**広東料理**	粵菜 ユエツァイ
かわいそう	可憐 クーリエン	**韓国人**	韓國人 ハンクオレン	**乾杯**	乾杯 カンペイ
乾く	乾 カン	**看護婦**	護士 フースー	**がんばれ！**	加油 チアヨウ

看板	気管支炎	きたない
看板	支氣管炎	髒
カンパン	ツーチークワンイエン	ザン

缶ビール	危機	貴重品
罐裝啤酒	危機	貴重物品
クワンツワンピーチョウ	ウェイチー	ウェイツォンウービン

漢方薬	聞く	喫茶店
中藥	聽	咖啡館
ツォンヤオ	ティン	カーフェイクワン

漢民族	効く	切手
漢人	有效	郵票
ハンレン	ヨウシアオ	ヨウピャオ

木	危険	機内持ち込み
樹木	危險	隨身行李
シュームー	ウェイシエン	スイセンシンリー

気が合う	機嫌がいい	記入する
談得來	心情很好	填入
タンダライ	シンチンヘンハオ	ティエンルー

気に入る	機嫌が悪い	絹
中意	心情不好	絲
ツォンイー	シンチンブーハオ	スー

気にしない	気候	記念
不介意	氣候	紀念
ブーチエイー	チーホウ	チーニエン

気を失う	帰国	記念日
失神	回國	紀念日
スーセン	ホェイクオ	チーニエンズー

気をつける	既婚	昨日
小心	已婚	昨天
シアオシン	イーフン	ツオティエン

黄色	期日	寄付する
黃色	期限	捐款
ホワンサー	チーシエン	チュエンクワン

消える	傷	気分がいい
消失	傷	很快樂
シアオスー	サン	ヘンクワイラー

気温	規則	気分が悪い
氣溫	規則	不舒服
チーウェン	クェイザー	ブースーフー

着替える	季節	希望する
換衣服	季節	希望
ホワンイーフ	チーチエ	シーワン

期間	北	決める
期間	北	決定
チーチエン	ペイ	チュエティン

から〜きめ

日本語	中国語	ピンイン(カナ)
気持ち	心情	シンチン
気持ちいい	舒服	スーフー
気持ち悪い	不舒服	ブースーフー
疑問	疑問	イーウェン
客	客人	クーレン
客引き	拉客	ラークー
キャッシュカード	金融卡	チンロンカー
キャンセルする	取消	チュイシアオ
キャンセル待ち	候補	ホウブー
9	九	チョウ
休暇	休假	シウチア
救急車	救護車	チョウフーツァー
休憩	休息	シォウシー
休日	假日	チアズー
旧跡	古蹟	クーチー
牛肉	牛肉	ニョウロウ
牛乳	牛奶	ニョウナイ
キュウリ	小黃瓜	シアオホワンクワ
給料	薪水	シンシェイ
今日	今天	チンティエン
教育	教育	チアオユィ
教会	教堂	チアオタン
行儀がいい	有禮貌	ヨウリーマオ
行儀が悪い	不禮貌	ブーリーマオ
狂牛病	狂牛病	クワンニョウピン
狂犬病	狂犬病	クワンチュエンピン
兄弟	兄弟	シオンディー
郷土料理	家郷菜	チアシアンツァイ
興味がある	有興趣	ヨウシンチュイ
協力する	協助	シエツー
許可	許可	シュイクー
漁港	漁港	ユィカン
去年	去年	チュイニエン
距離	距離	チュィリー
きらい	討厭	タオイエン
切る	切	チエ
着る	穿	ツワン
きれいな	漂亮	ピャオリャン
キログラム	公斤	コンチン
キロメートル	公里	コンリー
金	金	チン
銀	銀	イン
禁煙する	禁煙	チンイエン
禁煙席	禁煙席	チンイエンシー
近眼	近視	チンスー

緊急 緊急 チンチー	くし（串） 竹籤 ズーチエン	グラム 公克 コンクー
銀行 銀行 インハン	薬 藥品 ヤオピン	クリーニング 洗衣 シーイー
禁止 禁止 チンズー	薬屋 藥局 ヤオチュィ	グリーン車 商務車 サンウーツァー
近所 鄰居 リンチュィ	くだもの 水果 スェイクオ	くり返す 重複 ツォンフー
近代化 近代化 チンタイホワ	口 嘴 ツェイ	くり返して！ 再一次！ ツァイイーツ
緊張する 緊張 チンツァン	口がうまい 很會説話 ヘンホェイスオホワ	クリスマス 聖誕節 センタンチエ
勤勉な 勤奮 チンフェン	口紅 口紅 コウホン	来る 來 ライ
金曜日 星期五 シンチーウー	靴 鞋子 シエツ	グループ 團體 トワンティー
食いしんぼう 貪吃鬼 タンツーウェイ	靴屋 鞋店 シエティエン	くるしい 痛苦 トンクー
空港 機場 チーツァン	くつした 襪子 ワーツ	車イス 輪椅 ルンイー
クーラー 冷氣 レンチー	首になる（解雇） 開除 カイツー	グルメ（食通） 美食 メイス
9月 九月 チョウユエ	雲 雲 ユン	クレジットカード 信用卡 シンヨンカー
くさい 臭 チョウ	くもり 陰天 インティエン	黒い 黑黑的 ヘイヘイダ
腐る 腐敗 フーパイ	暗い 暗暗的 アンアンダ	苦労する 辛苦 シンクー
腐りやすい 容易腐敗 ロンイーフーパイ	クラスメート 同班同學 トンパントンシュエ	軍人 軍人 チュンレン

き
も
〜
く
ん

79

経営者	經營者	チンインツァー
経済危機	經濟危機	チンチーウェイチー
警察	警察	チンツァー
警察官	警官	チンクワン
警察署	警察局	チンツァーチュイ
計算する	算	スワン
芸術	藝術	イースー
携帯電話	行動電話	シントンティエンホワ
契約	契約	チーユエ
ケーキ	蛋糕	タンカオ
ゲーム	電玩	ティエンワン
ケガ	受傷	ソウサン
外科	外科	ワイクー
劇	戲	シー
劇場	劇場	チュイツァン
今朝	今天早上	チンティエンザオサン
下剤	瀉藥	シエヤオ
景色	風景	フォンチン
化粧する	化妝	ホワツワン
化粧品	化妝品	ホワツワンピン
ケチャップ	蕃茄醬	ファンチエチアン
血圧	血壓	シュエヤー
血液型	血型	シュエシン
月経	月經	ユエチン
欠航	停航	ティンハン
結婚する	結婚	チエフン
結婚式	結婚典禮	チエフンティエンリー
結婚式に参加する	參加婚禮	ツァンチアフンリー
月収	月薪	ユエシン
欠席	缺席	チュエシー
欠点	缺點	チュエティエン
月末	月底	ユエティー
月曜日	星期一	シンチーイー
解熱剤	退燒藥	トェイサオヤオ
毛深い	毛多	マオトゥオ
下品	下流	シアリョウ
下痢をする	拉肚子	ラートゥーツ
下痢どめ	止瀉藥	ズーシエヤオ
県庁	縣政府	シエンツェンフー
原因	原因	ユエンイン
ケンカする	吵架	チャオチア
見学する	參觀	ツァンクワン
元気	有精神	ヨウチンセン
元気ですか？	你好嗎？	ニイハオマ
健康	健康	チエンカン

80

現在	現在	シエンツァイ
原産地	原産地	ユエンツァンディー
建設業	建設業	チエンサーイエ
ケンタッキー	肯德基	ケントーチー
建築物	建築物	チエンズーウー
検問	臨檢	リンチエン
5	五	ウー
5月	五月	ウーユエ
恋	戀愛	リエンアイ
恋する	愛上〜	アイサン
恋人	情人	チンレン
公園	公園	コンユエン
硬貨	硬幣	インピー
後悔する	後悔	ホウホェイ
合格	及格	チークー
交換する	交換	チアオホワン
抗議する	抗議	カンイー
高級	高級	カオチー
工業	工業	コンイエ
航空券	飛機票	フェイチーピャオ
航空会社	航空公司	ハンコンコンスー
航空便	航空郵件	ハンコンヨウチエン
工芸品	工藝品	コンイーピン
高血圧	高血壓	カオシュエヤー
高原	高原	カオユエン
高校	高中	カオツォン
広告	廣告	クワンカオ
口座	帳戶	ツァンフー
口座番号	帳號	ツァンハオ
口座を開く	開戶	カイフー
交差点	路口	ルーコウ
工事	施工	スーコン
工事中	施工中	スーコンツォン
孔子	孔子	コンツー
孔子廟	孔子廟	コンツーミャオ
公衆電話	公用電話	コンヨンティエンホワ
公衆トイレ	公共廁所	コンコンツースオ
交渉する	交渉	チアオサー
工場	工廠	コンツァン
香水	香水	シアンシェイ
高層ビル	高層大樓	カオツェンターロウ
高速道路	高速公路	カオスーコンルー
紅茶	紅茶	ホンツァー
交通	交通	チアオトン
交通事故	車禍	ツァーフオ

けい〜こう

行天宮 行天宮 シンティエンコン	**コカコーラ** 可口可樂 クーコウクーラー	**故障する** 故障 クーツァン
強盗 強盗 チアンタオ	**ゴキブリ** 蟑螂 ツァンラン	**個性的** 有個性的 ヨウクーシンダ
交番 派出所 パイツースオ	**呼吸** 呼吸 フーシー	**小銭** 零錢 リンチエン
幸福 幸福 シンフー	**故宮博物院** 故宮博物院 クーコンポーウーユエン	**午前** 上午 サンウー
興奮する 興奮 シンフェン	**国際電話** 國際電話 クオチーティエンホワ	**ごちそうする** 請客 チンクー
公務員 公務員 コンウーユエン	**国籍** 國籍 クオチー	**国境** 國境 クオチン
小売り 零售 リンソウ	**国父紀念館** 國父紀念館 クオフーチーニエンクワン	**コック** 廚師 ツースー
肛門 肛門 カンメン	**国民党** 國民黨 クオミンタン	**国慶節** 國慶日 クオチンズー
交流 交流 チアオリョウ	**国立公園** 國家公園 クオチアコンユエン	**国交** 外交 ワイチアオ
声 聲音 センイン	**国連** 聯合國 リエンフークオ	**骨折** 骨折 クーザー
声が大きい 聲音很大 センインヘンター	**こげる** 燒焦 サオチアオ	**小包** 小包郵件 シアオパオヨウチエン
コーヒー 咖啡 カーフェイ	**ここ** 這裡 ツェーリ	**骨董品** 古董 クートン
氷 冰塊 ピンクワイ	**午後** 下午 シアウー	**コップ** 杯子 ペイツ
こおる 結冰 チエピン	**心** 心 シン	**今年** 今年 チンニエン
誤解する 誤會 ウーホェイ	**コショウ** 胡椒 フーチアオ	**こども** 小孩 シアオハイ

こどもっぽい
孩子氣
ハイチー

こども服
童裝
トンツワン

ことわる
拒絕
チュイチュエ

湖南料理
湘菜
シアンツァイ

この
這個
ツェーガ

このように
像這樣
シアンツェーヤン

ごはん
飯
ファン

コピーする
影印
インイン

困る
傷腦筋
サンナオチン

ゴミ
垃圾
ラースー

ゴミ箱
垃圾筒
ラーストン

小麦粉
麺粉
ミエンフェン

米
稲米
タオミー

ごめんなさい
對不起
トェイプチー

ゴルフ
高爾夫
カオアーフー

これ
這個
ツェーガ

コレクトコール
對方付費電話
トェイファンフーフェイティエンホワ

ころぶ
跌倒
ティエタオ

こわす
破壊
ポーホワイ

こわれる
壊掉
ホワイティアオ

今回
這次
ツェーツ

今月
這個月
ツェーガユエ

混雑する
擁擠
ヨンチー

コンサート
演唱會
イエンツァンホェイ

今週
這個星期
ツェーガシンチー

コンタクトレンズ
隠形眼鏡
インシンイエンチン

こんにちは
你好
ニイハオ

今晩
今晩
チンワン

コンビニ
便利商店
ピエンリーサンティエン

コンピューター
電腦
ティエンナオ

婚約する
訂婚
ティンフン

さ 行

SARS
SARS
サース

サービスセンター
服務中心
フーウーツォンシン

サービス料
服務費
フーウーフェイ

サーフィン
衝浪
ツォンラン

最悪
最差
ツェイツァー

再会する
再次見面
ツァイツーチエンミエン

最近
最近
ツェイチン

細菌
細菌
シーチュン

最後
最後
ツェイホウ

最高の
最好的
ツェイハオダ

サイコー！
好棒！
ハオパン

祭日
節日
チエズー**

最初	サクラ	さびしい
第一次	櫻花	寂寞
ティーイーツ	インホワ	チーモー

最小	酒	さむい
最小	酒	冷
ツェイシアオ	チョウ	レン

最新	酒飲み	さようなら
最新	酒鬼	再見
ツェイシン	チョウクェイ	ツァイチエン

サイズ	さけぶ	皿
尺寸	喊叫	盤子
ツーツン	ハンチアオ	パンツ

最大	刺身	サラダ
最大	生魚片	沙拉
ツェイター	センユィピエン	サーラー

再発行	座席	サル
再發行	座位	猴子
ツァイファーシン	ツオウェイ	ホウツ

サイフ	座席番号	3
錢包	座位號碼	三
チエンパオ	ツオウェイハオマー	サン

材料	さそう	3月
材料	邀約	三月
ツァイリャオ	ヤオユエ	サンユエ

サイン	撮影禁止	算数
簽名	禁止拍照	算數
チエンミン	チンズーパイツァオ	スワンスー

サウナ	撮影可	サンダル
三溫暖	可以拍照	涼鞋
サンウェンヌワン	クーイーパイツァオ	リャンシエ

坂	サッカー	サンドイッチ
坡道	足球	三明治
ポータオ	ズーチョウ	サンミンズー

探す	さっき	残念
找	剛才	可惜
ザオ	ガンツァイ	クーシー

魚	雑誌	散髪
魚	雜誌	剪頭髮
ユィ	ザーズー	チエントウファー

咲く	砂糖	産婦人科
開花	砂糖	婦產科
カイホワ	サータン	フーツァンクー

昨晩	砂漠	サンプル
昨晚	沙漠	樣品
ツオワン	サーモー	ヤンピン

散歩する 散歩 サンプー	**事故** 事故 スークー	**失業する** 失業 スーイエ
試合 比賽 ピーサイ	**時刻表** 時刻表 スークービャオ	**しつこい** 難纏的人 ナンツァンダレン
しあわせ 幸福 シンフー	**仕事** 工作 コンツオ	**実習生** 實習生 スーシーセン
シーツ 床單 ツワンタン	**時差** 時差 スーツァー	**失敗** 失敗 スーパイ
CD CD スィーディー	**次女** 次女 ツーニュイ	**質問** 問題 ウェンティー
寺院 寺廟 スーミャオ	**地震** 地震 ティーヅェン	**質問する** 發問 ファーウェン
ジーンズ 牛仔褲 ニョウツァイクー	**施設** 設施 セースー	**実は……** 説實話 スオスーホワ
塩 鹽 イエン	**四川料理** 四川菜 スーツワンツァイ	**指定席** 對號座 トェイハオツオ
しおからい 鹹 シエン	**舌** 舌頭 サートウ	**〜してあげる** 我給你 ウォケイニイ
市外局番 區域號碼 チュイュィハオマー	**下** 下面 シアミエン	**自転車** 腳踏車（單車） チアオターツァー(タンツァー)
しかし 但是 タンスー	**仕立てる** 訂做 ティンツオ	**自動車** 汽車 チーツァ
4月 四月 スーユエ	**7** 七 チー	**自動車保険** 車險 ツァーシエン
時間 時間 スーチエン	**7月** 七月 チーユエ	**自動販売機** 自動販賣機 ツートンファンマイチー
四季 四季 スーチー	**試着する** 試穿 スーツワン	**次男** 次子 ツーツ
試験 考試 カオスー	**実業家** 實業家 スーイエチア	**指南宮** 指南宮 ズーナンコン

さい〜しな

死ぬ	閉める	集合する
死掉	關	集合
スーティヤオ	クワン	チーフー

支配人	ジャガイモ	住所
經理	馬鈴薯	地址
チンリー	マーリンシュ	ティーズー

始発	車掌	渋滞
起站	車長	塞車
チーツァン	ツァーツァン	サイツァー

師範大学	写真	重体
師範大學	照片	重病
スーファンターシュエ	ツァオピエン	ツォンピン

耳鼻咽喉科	写真屋	終点
耳鼻喉科	沖印店	終點站
アービーホウクー	ツォンインティエン	ツォンティエンツァン

しびれる	社長	柔道
麻痺	老闆	柔道
マーピー	ラオパン	ロウタオ

紙幣	シャツ	充分
紙幣	襯衫	充分
ズーピー	ツァンサン	ツォンフェン

脂肪	シャワー	週末
脂肪	洗澡	週末
ズーファン	シーザオ	ツォウモー

しぼりたて	上海料理	重役
現搾	上海菜	董事
ツエンツァー	シャンハイツァイ	トンスー

島	シャンプーする	修理する
島嶼	洗頭髮	修理
タオユィ	シートウファ	シォウリー

姉妹	自由席	授業
姉妹	自由座	上課
チエメイ	ツーヨウツオ	サンクー

自慢する	10	宿題
引以為傲	十	功課
インイーウェイアオ	スウ	コンクー

地味な	10月	宿泊客
樸素	十月	房客
プースー	スウユエ	ファンクー

事務所	11月	手術
辦公室	十一月	手術
パンコンスー	スウイーユエ	ソウスー

氏名	12月	ジュース
姓名	十二月	飲料
シンミン	スウアーユエ	インリャオ

シューマイ	燒賣	サオマイ
出血	出血	ツーシュエ
出国	出境	ツーチン
出国カード	出境卡	ツーチンカー
出産	生產	センツァン
出発する	出發	ツーファ
出発時間	出發時間	ツーファスーチエン
首都	首都	ソウトゥー
主婦	主婦	ズーフ
趣味	興趣	シンチュイ
純粋	純粹	ツンツェイ
紹介する	介紹	チエサオ
蒋介石	蔣介石	チアンチエスー
奨学金	獎學金	チアンシュエチン
小学校	國小	クオシアオ
正月	新年	シンニエン
乗客	旅客	リュイクー
正午	中午	ツォンウー
上司	上司	サンスー
正直	坦率	タンスワイ
少女	少女	サオニュイ
少数民族	少數民族	サオスーミンツー
招待	招待	ザオタイ
じょうだん	開玩笑	カイワンシアオ
消毒	消毒	シアオトゥー
証人	証人	ツェンレン
少年	少年	サオニエン
商売	做生意	ツオセンイー
商品	商品	サンピン
上品	文雅	ウェンヤー
じょうぶ	堅固	チエンクー
証明書	証明書	ツェンミンスー
正面	正面	ツェンミエン
しょうゆ	醬油	チアンヨウ
将来	將來	チアンライ
使用料	使用費	スーヨンフェイ
ジョギング	慢跑	マンパオ
食事	吃飯	ツーファン
食堂	食堂	スータン
植物	植物	ズーウー
食欲	食欲	スーユィ
女性	女性	ニュイシン
女性器	女性生殖器	ニュイシンセンズーチー
書類	文件	ウェンチエン
知っている	知道	ツータオ

しゅ〜しっ

知らない 不知道 ブーツータオ	**診察** 診斷 ツェントワン	**酢** 醋 ツー
しらべる 調査 ティアオツァー	**真珠** 珍珠 ツェンズー	**スイッチ** 開關 カイクワン
市立美術館 市立美術館 スーリーメイスークワン	**人種差別** 種族歧視 ツォンツーチースー	**水道水** 自來水 ツーライスェイ
シルバーシート 博愛座 ボーアイツオ	**信じる** 相信 シアンシン	**水曜日** 星期三 シンチーサン
白 白色 バイサー	**親戚** 親戚 チンチー	**数学** 數學 スーシュエ
白い 白白的 バイバイダ	**親切** 親切 チンチエ	**数字** 數字 スーツ
進学する 升學 センシュエ	**新鮮** 新鮮 シンシエン	**スーツ** 西裝 シーツワン
シングルルーム 單人房 タンレンファン	**心臓** 心臟 シンツァン	**スーツケース** 旅行箱 リュィシンシアン
新型インフルエンザ 新流感 シンリョウカン	**腎臓** 腎臟 センツァン	**スーパーマーケット** 超級市場 ツァオチースーツァン
神経 神經 センチン	**身体障害者** 殘障人士 ツァンツァンレンスー	**スープ** 湯 タン
人権 人權 レンチュエン	**心配する** 擔心 タンシン	**スカート** 裙子 チュンツ
人口 人口 レンコウ	**神父** 神父 センフー	**好き** 喜歡 シーホワン
申告 申報 センパオ	**新聞** 報紙 パオズー	**すぐに** 馬上 マーサン
新婚 新婚 シンフン	**親友** 好朋友 ハオポンヨウ	**すこし** 一點點 イーティエンティエン
新婚旅行 蜜月旅行 ミーユエリュィシン	**信頼する** 信任 シンレン	**すずしい** 涼快 リアンクワイ

スター 明星 ミンシン	**すみません** 對不起 トェイプーチー	**セーター** 毛衣 マオイー
スターフルーツ 楊桃 ヤンタオ	**相撲** 相撲 シアンプー	**セールスマン** 業務員 イエウーユエン
頭痛 頭痛 トウトン	**すもも** 李子 リーツ	**席** 座位 ツオウェイ
すっぱい 酸 スワン	**スリ** 扒手 パーソウ	**咳** 咳嗽 クーソウ
ステーキ 牛排 ニョウパイ	**すわる** 坐 ツオ	**責任がある** 有責任 ヨウザーレン
すてる 丟掉 ティオウティアオ	**寸法** 尺寸 ツーツン	**セクシー** 性感 シンカン
ストッキング 絲襪 スーワー	**請求する** 請求 チンチョウ	**セッケン** 香皂 シアンツァオ
ストロー 吸管 シークワン	**請求書** 請款單 チンクワンタン	**説明する** 説明 スオミン
スニーカー 運動鞋 ユントンシエ	**清潔な** 乾淨 カンチン	**節約する** 節約 チエユエ
すばらしい 很棒！ ヘンパン	**製造業** 製造業 ズーザオイエ	**せまい** 狹窄 シアザイ
スピード 速度 スートゥー	**ぜいたくな** 奢侈的 サーツーダ	**ゼロ** 零 リン
スプーン 湯匙 タンツー	**生徒** 學生 シュエセン	**千** 千 チエン
スポーツ 運動 ユントン	**生年月日** 生日 センズー	**全員** 所有的人 スオヨウダレン
ズボン 褲子 クーツ	**生理用品** 生理用品 センリーヨンピン	**洗顔** 洗臉 シーリエン
炭 炭 タン	**西暦** 西暦 シーリー	**先月** 上個月 サンガユエ

しら～せん

洗剤
洗衣剤
シーイーチー

先日
前幾天
チエンチーティエン

選手
選手
シュエンソウ

先週
上個星期
サンガシンチー

先生
老師
ラオスー

ゼンソク
氣喘
チーツワン

洗濯する
洗衣
シーイー

全部
全部
チュエンブー

そうじ
打掃
ターサオ

想像する
想像
シアンシアン

相談
商量
サンリャン

総統府
總統府
ツォントンフー

僧侶
和尚
フーサン

送料
運費
ユンフェイ

ソース
醬料
チアンリャオ

速達
快遞
クワイティー

そこ
那裡
ナーリー

卒業
畢業
ピーイエ

外
外面
ワイミエン

祖父
爺爺
イエイエ

祖母
奶奶
ナイナイ

空
天空
ティエンコン

それ
那個
ネイガ

それら
那些
ネイシエ

損害
損害
スンハイ

尊敬する
尊敬
ツンチン

た 行

体育館
體育館
ティーユィクワン

ダイエット
減肥
チエンフェイ

退院
出院
ツーユエン

体温
體温
ティーウェン

体温計
體温計
ティーウェンチー

大学
大學
ターシュエ

大学生
大學生
ターシュエセン

大学院
研究所
イエンチョウスオ

太極拳
太極拳
タイチーチュエン

大工
木工
ムーコン

たいくつ
無聊
ウーリャオ

滞在する
停留
ティンリョウ

大使館
大使館
タースークワン

体重
體重
ティーツォン

だいじょうぶ
沒問題
メイウェンティ

退職
辭職
ツーズー

大切
重要
ツォンヤオ

大切に思う	覺得重要	チュエダツォンヤオ
態度がよい	態度很好	タイトゥーヘンハオ
態度が悪い	態度不好	タイトゥーブーハオ
台風	颱風	タイフォン
台北（地名）	台北	タイペイ
たいへん	非常	フェイツァン
大便	大便	ターピェン
逮捕する	逮捕	タイプー
ダイヤモンド	鑽石	ツワンスー
太陽	太陽	タイヤン
大陸	大陸	タールー
台湾	台灣	タイワン
台湾が好き！	我愛台灣	ウォーアイタイワン
台湾新幹線	台灣高鐵	タイワンカオティエ
台湾大学	台灣大學	タイワンターシュエ
台湾の原住民族	台灣原住民	タイワンユエンズーミン
台湾料理	台菜	タイツァイ
タオル	毛巾	マオチン
高い（高さ）	高	カオ
高い（値段）	貴	クェイ
宝くじ	彩券	ツァイチュエン
滝	瀑布	プーブ
たくさん	很多	ヘントゥオ
タクシー	計程車	チーツェンツァー
竹	竹子	ズーツ
確かな（sure）	的確	ティーチュエ
たすける	幫忙	バンマン
訪ねる	訪問	ファンウェン
ただしい	正確	ツェンチュエ
立入禁止	禁止進入	チンズーチンルー
脱毛	除毛	ツーマオ
建物	建築物	チエンズーウー
建てる	建造	チエンツァオ
他人	陌生人	モーセンレン
たのしい	快樂	クワイラー
たのしむ	享受	シアンソウ
たのむ	拜託	バイトゥオ
タバコ	香煙	シアンイエン
タピオカミルクティー	珍珠奶茶	ツェンズーナイツァー
タブー	忌諱	チーホェイ
ダブルルーム	雙人房	スワンレンファン
食べる	吃	ツー
食べ物	食物	スーウー
食べ放題	吃到飽	ツータオパオ
タマゴ	蛋	タン

せ〜たま

だます 騙人 ピエンレン	**男性** 男性 ナンシン	**近い** 近 チン
タマネギ 洋蔥 ヤンツォン	**男性器** 男性生殖器 ナンシンセンズーチー	**ちがう** 不一樣 ブーイーヤン
ダム 水庫 スェイクー	**団体** 團體 トワンティー	**チケット** 票 ピャオ
ためす 試試看 スースーカン	**暖房** 暖氣 ヌワンチー	**遅刻する** 遅到 ツータオ
ためらう 猶豫 ヨウユィ	**血** 血 シュエ	**知人** 熟人 ソウレン
たよる 依賴 イーライ	**痔** 痔瘡 ズーツワン	**父** 爸爸 バーバ
たりる 夠 コウ	**治安がいい** 治安很好 ズーアンヘンハオ	**地図** 地圖 ティートゥー
たりない 不夠 ブーコウ	**治安が悪い** 治安不好 ズーアンブーハオ	**茶** 茶 ツァー
だれ 誰 セイ	**地位** 地位 ティーウェイ	**チャーター（車）** 包車 バオツァー
タロイモ 芋頭 ユィトウ	**ちいさい** 小的 シアオダ	**チャーター（飛行機）** 包機 バオチー
痰 痰 タン	**チェック（小切手）** 支票 ズーピャオ	**茶色** 茶色 ツァーサー
短期 短期 トワンチー	**チェックアウト** 退房 トェイファン	**茶芸館** 茶藝館 ツァーイークワン
誕生日 生日 センズー	**チェックイン** 住宿登記 ズースータンチー	**着陸** 着陸 ツォルー
ダンス 跳舞 ティアオウー	**地下** 地下 ティーシア	**チャンス** 機會 チーホェイ
淡水（地名） 淡水 タンスェイ	**地下道** 地下道 ティーシアタオ	**チャンピオン** 冠軍 クワンチュン

注意 注意 ズーイー	**中正紀念堂** 中正紀念堂 ツォンツェンチーニエンタン	**通訳する** 口譯 コウイー
中華人民共和国 中華人民共和國 ツォンホワレンミンコンフークオ	**注文する** 點 ティエン	**通訳の人を呼んで** 我要口譯 ウォーヤオコウイー
中華民国 中華民國 ツォンホワミンクオ	**腸** 腸 ツァン	**つかう** 使用 スーヨン
中学校 國中 クオツォン	**長女** 長女 ツァンニュィ	**つかれる** 累 レイ
中国 中國 ツォンクオ	**朝食** 早餐 ザオツァン	**つかれた** 疲勞的 ピーラオダ
中国語 中文 ツォンウェン	**ちょうど** 剛好 ガンハオ	**月** 月亮 ユエリャン
中国人 中國人 ツォンクオレン	**長男** 長男 ツァンナン	**次** 下一個 シアイーガ
中国茶 中國茶 ツォンクオツァー	**調味料** 調味料 ティヤオウェイリャオ	**机** 桌子 ツオツ
中止 中止 ツォンズー	**チョコレート** 巧克力 チアオコーリー	**つづく** 繼續 チーシュィ
注射 打針 ターツェン	**治療する** 治療 ズーリャオ	**つつむ** 包裝 パオツワン
駐車する 停車 ティンツァー	**鎮痛剤** 止痛劑 ズートンチー	**妻** 太太 タイタイ
駐車禁止 禁止停車 チンズーティンツァー	**ツアー** 旅遊團 リュィヨウトワン	**つまらない** 無聊 ウーリャオ
駐車場 停車場 ティンツァーツァン	**追加する** 追加 ツェイチア	**罪** 罪 ツェイ
昼食 午餐 ウーツァン	**ツインルーム** 雙人房 スワンレンファン	**つめたい** 冷漠 レンモー
中心 中心 ツォンシン	**通貨** 通貨 トンフオ	**つよい** 強壯 チアンツワン

つらい 辛苦 シンクー	**デザート** 甜點 ティエンディエン	**出る** 出去 ツーチュィ
つり銭 零銭 リンチエン	**デザイナー** 設計師 スーチースー	**テレビ** 電視 ティエンスー
手 手 ソウ	**デジタルカメラ** 數位相機 スーウェイシアンチー	**店員** 店員 ティエンユエン
テイクアウト 外帶 ワイタイ	**手数料** 手續費 ソウシュィフェイ	**天気** 天氣 ティエンチー
Tシャツ T恤 ティーシュー	**デスクトップ型パソコン** 桌上型電腦 ツオサンシンティエンナオ	**天気予報** 天氣預報 ティエンチーユィパオ
DVD DVD ディーヴィーディー	**てつだう** 幫忙 バンマン	**電気** 電氣 ティエンチー
ディスコ 舞廳 ウーティン	**手続き** 手續 ソウシュィ	**電圧** 電壓 ティエンヤー
ティッシュペーパー 面紙 ミエンズー	**鉄道** 鐵道 ティエタオ	**天后宮** 天后宮 ティエンホウコン
テーブル 桌子 ツオツ	**鉄道ファン** 鐵道迷 ティエタオミー	**伝言** 留言 リョウイエン
テーマパーク 主題樂園 ズーティーラーユエン	**徹夜** 熬夜 アオイエ	**電車** 電聯車 ティエンリエンツァー
でかける 出去 ツーチュィ	**テニス** 網球 ワンチョウ	**天井** 天花板 ティエンホワバン
〜できる 會 ホェイ	**手荷物** 行李 シンリー	**添乗員** 領隊 リントェイ
〜できない 不會 ブーホェイ	**デパート** 百貨公司 バイフオコンスー	**伝染病** 傳染病 ツワンランピン
手紙 信 シン	**出前** 外送 ワイソン	**電池** 電池 ティエンツー
出口 出口 ツーコウ	**テレサテン** 鄧麗君 タンリーチュン	**電灯** 電燈 ティエンタン

伝統的	どうぞ〜して下さい	通り
傳統的	請	馬路
ツワントンダ	チン〜	マールー

電話	到着する	毒
電話	到達	毒
ティエンホワ	タオター	トゥー

電話帳	到着時刻	得意
電話簿	到達時間	拿手
ティエンホワブー	タオタースーチエン	ナーソウ

電話する	盗難	特産物
打電話	偸竊	特産
ターティエンホワ	トウチエ	トーツァン

電話番号	豆乳	読書
電話號碼	豆漿	看書
ティエンホワハオマー	トウチアン	カンスー

ドアー	糖尿病	特別
門	糖尿病	特別
メン	タンニャオビン	トービエ

トイレ	豆腐	時計（腕時計）
洗手間	豆腐	手錶
シーソウチエン	トウフー	ソウビャオ

トイレットペーパー	動物園	時計（置時計）
衛生紙	動物園	時鐘
ウェイセンズー	トンウーユエン	スーツォン

籐	**トウモロコシ**	どこ
籐	玉米	哪裡
タン	ユィミー	ナアリー

どういう意味ですか	どうやって？	歳とった
什麼意思	怎麼？	年老
センマイース	ゼンマ	ニエンラオ

どういたしまして	東洋人	図書館
不客氣	東方人	圖書館
ブークーチー	トンファンレン	トゥースークワン

統一	同僚	隣
統一	同事	隔壁
トンイー	トンスー	クービー

とうがらし	登録する	徒歩
辣椒	登記	走路
ラーチアオ	トンチー	ゾウルー

陶器	遠い	とぼける
陶瓷	遠	裝傻
タオツー	ユエン	ツワンサー

東京	トースト	トマト
東京	土司	蕃茄
トンチン	トゥースー	ファンチエ

つら〜とま

95

止まる	泥棒	なぜ？
停	小偷	為什麼
ティン	シアオトウ	ウェイセンマ

泊まる	トンネル	夏
住	隧道	夏天
ズー	スェイタオ	シアティエン

友達		夏休み
朋友		暑假
ポンヨウ		スーチア

土曜日	**な** 行	なつかしい
星期六		懷念
シンチーリョウ		ホワイニエン

トラ	ない	7
老虎	沒有	七
ラオフー	メイヨウ	チー

ドライクリーニング	内線	なに？
乾洗	分機	什麼
カンシー	フェンチー	センマ

トラベラーズチェック	内戦	ナベ
旅行支票	內戰	鍋子
リュィシンズーピァオ	ネイツァン	クオツ

トランプ	直す	生クリーム
撲克牌	修理	鮮奶油
プークーパイ	シウリー	シエンナイヨウ

鳥	治る	生ビール
鳥類	治好	生啤酒
ニャオレイ	ズーハオ	センピーチョウ

とり替える	中	名前
換	裡面	名字
ホワン	リーミエン	ミンツ

とり消す	長い	なみだ
取消	長	眼淚
チュィシアオ	ツァン	イエンレイ

とり肉	ながめがいい	ならう
雞肉	風景很好	學習
チーロウ	フォンチンヘンハオ	シュエシー

取る	なくす	なるほど
拿	弄丟	原來如此
ナー	ノンティオウ	ユエンライルーツー

ドル	なぐる	慣れる
美金	打	習慣
メイチン	ター	シークワン

どれ？	ナス	何個
哪一個	茄子	幾個
ナアイーガ	チエツ	ジーガ

何時 幾點 ジーティエン	**ニセモノ** 仿冒品 ファンマオピン	**日本人** 日本人 ズーベンレン
何時間 幾個小時 ジーガシアオスー	**日曜日** 星期天 シンチーティエン	**二枚目** 帥哥 スワイクー
何種類 幾種 ジーツォン	**日用品** 日用品 ズーヨンピン	**荷物** 行李 シンリー
何人 幾個人 ジーガレン	**日光浴** 日光浴 ズークワンュィ	**入学** 入學 ルーシュエ
2 二 アー	**似ている** 很像 ヘンシアン	**入管** 入出境管理局 ルーツーチンクワンリーチュィ
2月 二月 アーユエ	**似ていない** 不像 ブーシアン	**入国** 入境 ルーチン
似合う 適合 スーフー	**日本** 日本 ズーベン	**入国カード** 入境卡 ルーチンカー
におい 味道 ウェイタオ	**日本航空** 日本航空 ズーベンハンコン	**入場料** 入場費 ルーツァンフェイ
にがい 苦 クー	**日本円** 日圓 ズーユエン	**入場券** 門票 メンピャオ
にぎやかな 熱鬧 ルーナオ	**日本語** 日語 ズーュィ	**ニュース** 新聞 シンウェン
肉 肉 ロウ	**日本酒** 日本酒 ズーベンチョウ	**入浴** 洗澡 シーザオ
肉屋 肉店 ロウティエン	**日本食** 日本料理 ズーベンリャオリー	**尿** 尿 ニャオ
にげる 逃走 タオゾウ	**日本政府** 日本政府 ズーベンツェンフー	**ニワトリ** 雞 チー
西 西 シー	**日本台湾交流協会** 日本台灣交流協會 ズーベンタイワンチアオリョウシエホェイ	**人気がある** 受歡迎 ソウホワンイン
24時間 二十四小時 アースウスーシアオスー	**日本統治時代** 日治時代 ズーズースータイ	**人気がない** 不受歡迎 ブーソウホワンイン

とま〜にん

妊娠 懷孕 ホワイユン	**寝る** 睡覺 スェイチアオ	# は 行
人数 人數 レンスー	**ネンザする** 扭傷 ニョウサン	
妊婦 孕婦 ユンフー	**年末** 年底 ニエンティー	**歯** 牙齒 ヤーツー
盗む 偷 トウ	**年齢** 年齢 ニエンリン	**バー（BAR）** 酒吧 チョウパー
布 布料 プーリャオ	**ノイローゼ** 神經衰弱 センチンスワイルオ	**バーガーキング** 漢堡王 ハンパオワン
値打ちがある 有價值 ヨウチアズー	**脳** 腦 ナオ	**把握する** 把握 パーウオ
値打ちがない 沒有價值 メイヨウチアズー	**農業** 農業 ノンイエ	**バーゲン** 拍賣 パイマイ
ネガフィルム 底片 ティーピエン	**ノートパソコン** 筆記型電腦 ピーチーシンティエンナオ	**パーセント** 百分比 パイフェンビー
ネコ 貓 マオ	**望む** 希望 シーワン	**パーティー** 派對 パイトェイ
ネズミ 老鼠 ラオスー	**のどが乾く** 口渇 コウクー	**ハードディスク** 硬碟 インティエ
値段 價錢 チアチエン	**登る** 爬 パー	**バーベキュー** BBQ パービーキュー
熱が出る 發燒 ファーサオ	**飲む** 喝 ホー	**肺** 肺 フェイ
値引きする 減價 チエンチア	**飲み物** 飲料 インリャオ	**はい（肯定）** 是 スー
寝不足 睡眠不足 スェイミエンブーズー	**乗る** 搭乗 ターツェン	**倍** 倍 ペイ
ねむい 想睡覺 シアンスェイチアオ	**乗り換える** 換車 ホワンツァー	**肺炎** 肺炎 フェイイエン

日本語	中国語	ピンイン(カナ)
パイオニア	開拓者	カイトゥオツァー
歯医者	牙醫	ヤーイー
パイナップル	鳳梨	フォンリー
パイナップルケーキ	鳳梨酥	フォンリースー
俳優	演員	イエンユエン
入る	進入	チンルー
ハエ	蒼蠅	ツァンイン
計る	量	リャン
吐く	吐	トゥ
吐き気	想吐	シアントゥ
履く	穿	ツワン
拍手	拍手	パイソウ
爆竹	鞭炮	ビエンパオ
博物館	博物館	ポーウークワン
派遣社員	派遣員工	パイチエンユエンコン
箱	箱子	シアンツ
はこぶ	搬運	バンユン
橋	橋樑	チアオリャン
箸	筷子	クワイツ
はじめまして	初次見面	ツーツチエンミエン
はじめて	第一次	ティーイーツ
破傷風	破傷風	ポーサンフォン
走る	跑	パオ
バス	公車	コンツァー
バスカード	公車卡	コンツァーカー
バス停	公車站	コンツァーツァン
はずかしい	丟臉	ティオウリエン
バスケットボール	籃球	ランチョウ
バスタオル	浴巾	ユィチン
バスルーム	浴室	ユィスー
パスポート	護照	フーツァオ
パスワード	密碼	ミーマー
パソコン	電腦	ティエンナオ
バター	奶油	ナイヨウ
はたらく	工作	コンツオ
8	八	バー
8月	八月	バーユエ
ハチミツ	蜂蜜	フォンミー
発音	發音	ファーイン
発音してください	請唸一次	チンニエンイーツ
バック	包包	バオバオ
パックツアー	旅遊團	リュィヨウトワン
発行する	發行	ファーシン
発車する	開車	カイツァー
発車時刻	開車時間	カイツァースーチエン

にん〜はつ

パッションフルーツ 百香果 バイシアンクオ	**早い** 早 ザオ	**半ズボン** 短褲 トワンクー
バドミントン 羽毛球 ユィマオチョウ	**払う** 付錢 フーチエン	**反対側** 另一邊 リンイービエン
鼻 鼻子 ビーツ	**払い戻す** 退款 トェイクワン	**パンツ** 內褲 ネイクー
鼻水 鼻水 ビースェイ	**春** 春天 ツンティエン	**パンティー** 女用內褲 ニュィヨンネイクー
花 花 ホワ	**晴れ** 晴天 チンティエン	**半年** 半年 バンニエン
話す 説話 スオホワ	**バレエ** 芭蕾舞 バーレイウー	**ハンドバッグ** 手提包 ソウティーパオ
バナナ 香蕉 シアンチアオ	**バレーボール** 排球 パイチョウ	**半日** 半天 バンティエン
ハネムーン 蜜月 ミーユエ	**バレンタインデー** 情人節 チンレンチエ	**犯人** 犯人 ファンレン
母 媽媽 マーマ	**パン** 麵包 ミエンパオ	**ハンバーガー** 漢堡 ハンパオ
パパイヤ 木瓜 ムークワ	**繁華街** 鬧區 ナオチュィ	**パンフレット** 簡介 チエンチエ
パパイヤミルク 木瓜牛奶 ムークワニョウナイ	**パンクする** 爆胎 バオタイ	**半分** 一半 イーバン
ハブラシ 牙刷 ヤースワ	**番組** 節目 チエムー	**パン屋** 麵包店 ミエンパオティエン
浜辺 海邊 ハイビエン	**番号** 號碼 ハオマー	**ビーフン** 米粉 ミーフェン
ハミガキ粉 牙膏 ヤーカオ	**犯罪** 犯罪 ファンツェイ	**ビール** 啤酒 ピーチョウ
速い 快 クワイ	**ハンサム** 英俊 インチュン	**被害** 受害 ソウハイ

日帰り	一日遊	イーズーヨウ
東	東	トン
ヒゲそり	刮鬍刀	クワフータオ
飛行機	飛機	フェイチー
非合法	非法	フェイファー
ビザ	簽證	チエンツェン
ビジネスクラス	商務館	サンウーツァン
ビジネスマン	上班族	サンパンツー
ビジネスランチ	商業午餐	サンイエウーツァン
美術	美術	メイスー
美術館	美術館	メイスークワン
秘書	秘書	ミースー
非常口	安全門	アンチュエンメン
左	左邊	ツオピエン
ビデオカメラ	攝影機	サーインチー
ひどい	過分	クオフェン
一目ぼれ	一見鍾情	イーチエンツォンチン
ひとり旅	一個人旅行	イーガレンリュィシン
ひとりっこ（男）	獨生子	トゥーセンツ
ひとりっこ（女）	獨生女	トゥーセンニュィ
一人で	一個人	イーガレン
日の出	日出	ズーツー
ビビアンスー	徐若瑄	シュィルオシュエン
皮膚	皮膚	ピーフー
皮膚科	皮膚科	ピーフークー
ひま	空閒	コンシエン
費用	費用	フェイヨン
美容院	美容院	メイロンユエン
病院	醫院	イーユエン
病気になる	生病	センビン
美容師	美容師	メイロンスー
評判がいい	評價高	ピンチアカオ
評判が悪い	評價低	ピンチアティー
開く	打開	ターカイ
ビリヤード	撞球	ツワンチョウ
昼	中午	ツォンウー
昼休み	午睡	ウースェイ
ビル	大樓	ターロウ
広い	寛大	クワンター
拾う	撿	チエン
広場	廣場	クワンツァン
ビン	瓶子	ピンツ
ピンク	粉紅色	フェンホンサー
貧血	貧血	ピンシュエ
品質	品質	ピンズー

は〜ひん

貧乏な 貧窮的 ピンチオンダ	**不景気** 不景氣 プーチンチー	**冬** 冬天 トンティエン
ファーストクラス 頭等艙 トウトンツァン	**不思議** 不可思議 プークースーイー	**フライドチキン** 炸雞 ザーチー
ファックス 傳真 ツワンツェン	**不自然** 不自然 プーツーラン	**フライドポテト** 薯條 スーティアオ
ファッション 時裝 スーツワン	**不親切** 不親切 プーチンチエ	**ブラシ** 刷子 スワツ
フィーリング 感覺 カンチュエ	**ブタ** 豬 ズー	**ブラジャー** 胸罩 シオンザオ
夫婦 夫婦 フーフ	**ブタ肉** 豬肉 ズーロウ	**フラッシュ禁止** 禁止閃光燈 チンズーサンクワンタン
封筒 信封 シンフォン	**普通列車** 普快車 プークワイツァー	**ブランデー** 白蘭地 パイランティー
プール 游泳池 ヨウヨンツー	**二日酔い** 宿醉 スーツェイ	**プリン** 布丁 プーティン
フォーク（食器） 叉子 ツァーツ	**仏教** 佛教 フォーチアオ	**古い** 舊的 チョウダ
フォーマル 正式的 ツェンスーダ	**仏教徒** 佛教徒 フォーチアオトゥ	**古着** 舊衣 チョウイー
部下 部下 プーシア	**仏像** 佛像 フォーシアン	**ブルースリー** 李小龍 リーシアオロン
不可能 不可能 プークーヌン	**船** 船 ツワン	**ブレスレット** 手鍊 ソウリエン
服 衣服 イーフー	**船便** 海運 ハイユン	**プレゼント** 禮物 リーウー
腹痛 肚子痛 トゥーツトン	**船酔い** 暈船 ユンツワン	**風呂** 浴室 ユィスー
袋 袋子 タイツ	**不便** 不方便 プーファンピエン	**プロ** 專業 ツワンイエ

プロテスタント	基督教	チートゥチアオ
プロポーズ	求婚	チョウフン
プロレス	職業摔角	ズーイエスワイチアオ
プロレスファン	摔角迷	スワイチアオミー
フロント	櫃台	クェイタイ
〜分（時間）	分	フェン
雰囲気	氣氛	チーフェン
文化	文化	ウェンホワ
文学	文學	ウェンシュエ
紛失	遺失	イースー
ヘアスタイル	髮型	ファーシン
兵士	軍人	チュンレン
北京料理	北京菜	ペイチンツァイ
下手	不拿手	プーナーソウ
ベッド	床	ツワン
ペットボトル	寶特瓶	パオトーピン
ベビーカー	嬰兒車	インアーツァー
部屋	房間	ファンチエン
ペン	筆	ピー
勉強する	學習	シュエシー
変更する	變更	ピエンクン
弁護士	律師	リュィスー
弁償する	賠償	ペイサン
べんとう	便當	ピエンタン
便秘	便秘	ピエンミー
返品する	退貨	トェイフォ
便利	方便	ファンピエン
保安宮	保安宮	パオアンコン
保育園	托兒所	トゥオアースオ
貿易	貿易	マオイー
方言	方言	ファンイエン
ぼうし	帽子	マオツ
宝石	寶石	パオスー
ボート	小船	シアオツワン
ボーナス	獎金	チアンチン
ボール	球	チョウ
ボールペン	原子筆	ユエンツピー
ほかの	其他的	チーターダ
保険	保險	パオシエン
保険会社	保險公司	パオシエンコンスー
星	星星	シンシン
欲しい	想要	シアンヤオ
ポジフィルム	幻燈片	ホワンタンピエン
補償	補償	プーサン
ポスター	海報	ハイパオ

ひん〜ほす

103

発作 發作 ファーツオ	**毎月** 每個月 メイガユエ	**待合室** 候車室 ホウツァースー
ホテル 飯店 ファンティエン	**毎日** 每天 メイティエン	**まちがい** 錯誤 ツオウー
歩道 人行道 レンシンタオ	**前** 前面 チエンミエン	**待つ** 等待 トンタイ
ほほえみ 微笑 ウェイシアオ	**前金** 訂金 ティンチン	**マッサージ** 按摩 アンモー
ボランティア 義工 イーコン	**前払い** 先付款 シエンフークワン	**まっすぐ** 一直 イーズー
本 書 スー	**まがる** 轉彎 ツワンワン	**祭り** 祭典 チーティエン
本屋 書店 スーティエン	**マクドナルド** 麥當勞 マイタンラオ	**窓** 窗戸 ツワンフー
香港 香港 シアンカン	**まくら** 枕頭 ツェントウ	**まにあう** 來得及 ライダチー
ほんもの 真品 ツェンピン	**マグロ** 鮪魚 ウェイユィ	**マニキュア** 指甲油 ズーチアヨウ
本屋 書店 スーティエン	**負ける** 輸 スー	**麻痺する** 麻痺 マーピー
翻訳する 翻譯 ファンイー	**孫** 孫子 スンツ	**まもなく** 馬上 マーサン
	まじめ 認真 レンツェン	**迷う** 迷惑 ミーフオ
# ま 行	**まずい（食物）** 不好吃 ブーハオツー	**満員** 客滿 クーマン
毎回 每次 メイツ	**まずしい** 貧窮的 ピンチオンダ	**マンガ** 漫畫 マンホワ
毎週 每個星期 メイガシンチー	**町** 小鎮 シァオヅェン	**マンゴー** 芒果 マンクオ

満足する 満足 マンズー	**みつける** 找到 ザオタオ	**民進党** 民進黨 ミンチンタン
まん中 中間 ツォンチエン	**緑色** 綠色 リュィサー	**むかし** 從前 ツォンチエン
満腹 吃飽了 ツーパオラ	**港** 港口 カンコウ	**ムシ刺され** 被蟲咬 ペイツォンヤオ
見送る 送行 ソンシン	**南** 南 ナン	**ムシ歯** 蛀牙 ズーヤー
右 右邊 ヨウビエン	**身分証明書** 身份證 センフェンツェン	**無職** 待業中 タイイエツォン
未婚 未婚 ウェイフン	**見本** 樣本 ヤンベン	**むずかしい** 難 ナン
みじかい 短 トワン	**脈拍** 脈搏 マイボー	**息子** 兒子 アーツ
水 水 スェイ	**みやげ** 伴手禮 バンソウリー	**娘** 女兒 ニュィアー
水色 天空藍 ティエンコンラン	**みょうじ** 姓 シン	**ムダづかい** 浪費 ランフェイ
湖 湖 フー	**明朝(翌朝)** 明早 ミンザオ	**紫** 紫色 ツーサー
水着 泳裝 ヨンツワン	**明晩** 明天晚上 ミンティエンワンサン	**無料** 免費 ミエンフェイ
店 商店 サンティエン	**魅力的** 有魅力 ヨウメイリー	**目** 眼睛 イエンチン
見せて! 讓我看 ランウォーカン	**見る** 看 カン	**名刺** 名片 ミンピエン
味噌 味噌 ウェイゼン	**ミルク** 牛奶 ニョウナイ	**名所** 名勝 ミンセン
道 馬路 マールー	**民芸品** 傳統藝品 ツワントンイーピン	**迷惑** 添麻煩 ティエンマーファン

ほっ〜めい

メートル	公尺	コンツー
メール	電子郵件	ティエンツヨウチエン
メールアドレス	電子信箱	ティエンツーシンシアン
メル友	網友	ワンヨウ
メガネ	眼鏡	イエンチン
目薬	眼藥水	イエンヤオスェイ
めずらしい	珍貴	ツェンクェイ
めでたい	恭喜	コンシー
メニュー	菜單	ツァイタン
めまいがする	頭暈	トウユン
綿	棉	ミエン
麺	麺	ミエン
免税	免税	ミエンシェイ
免税店	免税商店	ミエンシェイサンティエン
めんどくさい	麻煩的	マーファンダ
もう一度	再一次	ツァイイーツ
申し込み	報名	パオミン
盲腸炎	盲腸炎	マンツァンイエン
毛布	毛毯	マオタン
目的地	目的地	ムーディーティー
木曜日	星期四	シンチースー
もしもし	喂！	ウェイ
モスバーガー	摩斯漢堡	モースーハンパオ
もち米	糯米	ヌオミー
持ち主	所有者	スオヨウツァー
持っている	有	ヨウ
モデル	模特兒	モートーアール
モテるでしょ?	很多人追你吧！	ヘントーレンツェイニイパ
門	門	メン

や行

野球	棒球	パンチョウ
野球場	棒球場	パンチョウツァン
約束	約	ユエ
役に立つ	有用	ヨウヨン
夜景	夜景	イエチン
ヤケド	燙傷	タンサン
野菜	蔬菜	スーツァイ
優しい	温柔	ウェンロウ
夜食	宵夜	シアオイエ
安い	便宜	ピエンイー
安売り	拍賣	パイマイ
やすみ	休息	シォウシー
やせた	痩的	ソウダ

屋台	郵便局	夢
路邊攤	郵局	夢
ルービエンタン	ヨウチュイ	モン

薬局	郵便番号	良い
藥局	郵遞區號	好
ヤオチュイ	ヨウティーチュイハオ	ハオ

雇う	郵便料金	酔う
雇用	郵費	醉
クーヨン	ヨウフェイ	ツェイ

山	有名な	用事
山	有名	有事
サン	ヨウミン	ヨウスー

やわらかい	悠遊カード	幼児
柔軟	悠遊卡	幼兒
ロウルワン	ヨウヨウカー	ヨウアー

湯	有料	用心する
熱水	收費	小心
ルースェイ	ソウフェイ	シアオシン

遊園地	誘惑	幼稚園
遊樂園	誘惑	幼稚園
ヨウラーユエン	ヨウフオ	ヨウズーユエン

勇気	ゆかい	翌日
勇氣	愉快	第二天
ヨンチー	ユィクワイ	ティーアーティエン

優遇する	雪	翌週
優惠	雪	下個星期
ヨウホェイ	シュエ	シアガシンチー

有効期限	輸出	翌年
有效期限	出口	第二年
ヨウシアオチーシエン	ツーコウ	ティーアーニエン

ユーザー	ゆっくり	横
使用者	慢慢的	旁邊
スーヨンツァー	マンマンダ	パンピエン

友情	ゆっくり話して!	横になる
友情	説慢一點!	躺下
ヨウチン	スオマンイーティエン	タンシア

夕食	輸入	予算
晩餐	進口	預算
ワンツァン	チンコウ	ュィスワン

ユースホステル	指	吉野家
國際青年之家	手指	吉野家
クオチーチンニエンズーチア	ソウズー	チーイエチア

郵送する	指輪	予定
郵寄	戒指	預定
ヨウチー	チエズー	ュィティン

め〜よて

予防 預防 ユィファン	**来年** 明年 ミンニエン	**料理** 料理 リャオリー
読む 看 カン	**ラブストーリー** 愛情故事 アイチンクースー	**料理する** 做菜 ツオツァイ
嫁 媳婦 シーフー	**ラブホテル** 賓館 ピンクワン	**旅券番号** 護照號碼 フーツァオハオマー
予約 預約 ユィユエ	**理解する** 了解 リャオチエ	**旅行** 旅行 リュィシン
夜 晚上 ワンサン	**離婚** 離婚 リーフン	**旅行者** 旅行者 リュィシンツァー
よろこぶ 高興 カオシン	**李登輝** 李登輝 リータンホェイ	**旅行代理店** 旅行社 リュィシンサー
ヨーロッパ 歐洲 オウツォウ	**留学** 留學 リョウシュエ	**リンゴ** 蘋果 ピンクオ
よわい 弱 ルオ	**流行** 流行 リョウシン	**ルームメイト** 室友 スーヨウ
4 四 スー	**流産** 流産 リョウツァン	**ルール** 規則 クェイザー
	龍山寺 龍山寺 ロンサンスー	**礼節** 禮貌 リーマオ
# ら 行	**両替する** 換錢 ホワンチエン	**冷蔵庫** 冰箱 ピンシアン
来月 下個月 シアガユエ	**料金** 費用 フェイヨン	**礼拝** 禮拝 リーパイ
来週 下個禮拜 シアガリーパイ	**領事館** 領事館 リンスークワン	**冷房** 冷氣 レンチー
ライセンス 執照 ズーツァオ	**領収書** 收據 ショウチュィ	**レート** 匯率 ホェイリュィ
ライター 打火機 ターフオチー	**両親** 父母 フームー	**歴史** 歴史 リースー

レシート 發票 ファーピャオ	**赤ワイン** 紅酒 ホンチョウ
レストラン 餐廳 ツァンティン	**白ワイン** 白酒 パイチョウ
列車 列車 リエツァー	**若い** 年輕 ニエンチン
恋愛 戀愛 リエンアイ	**若者** 年輕人 ニエンチンレン
レンタカー 租車 ズーツァー	**沸かす** 煮沸 ズーフェイ
レントゲン x 光 エックス クワン	**わかる** 了解 リャオチエ
連絡する 聯絡 リエンルオ	**わからない** 不了解 プーリャオチエ
老眼 老花眼 ラオホワイエン	**わかりにくい** 難以了解 ナンイーリャオチエ
老人 老人 ラオレン	**忘れる** 忘記 ワンチー
6 六 リョウ	**私** 我 ウォー
6月 六月 リョウユエ	**私たち** 我們 ウォーメン
	私の 我的 ウォーダ
# わ行	**わらう** 笑 シアオ
ワールドカップ 世界盃 スーチエペイ	**割引き** 打折 ターザー
ワイン 葡萄酒 プータオチョウ	**悪い** 不好 プーハオ

よほ〜わる

おかげさまで510万部突破! 大好評の

【旅の指さし会話帳】

1	タイ［第三版］	1,400円
2	インドネシア［第四版］	1,600円
3	香港［第三版］	1,400円
4	中国［第三版］	1,400円
5	韓国［第三版］	1,400円
6	イタリア［第四版］	1,600円
7	オーストラリア［第二版］	1,300円
8	台湾［第二版］	1,300円
9	アメリカ［第二版］	1,300円
10	イギリス［第二版］	1,300円
11	ベトナム［第二版］	1,500円
12	スペイン［第五版］	1,600円
13	キューバ	1,700円
14	フィリピン［第二版］	1,400円
15	マレーシア［第二版］	1,400円
16	モンゴル	1,700円
17	フランス［第三版］	1,600円
18	トルコ［第二版］	1,500円
19	カンボジア［第三版］	1,800円
20	ドイツ［第二版］	1,300円
21	JAPAN【英語版】	1,500円
22	インド	1,500円
23	ブラジル	1,500円
24	ギリシア	1,500円
25	ネパール	1,800円
26	ロシア	1,700円
27	JAPAN【韓国語版】	1,500円
28	メキシコ［第二版］	1,800円
29	オランダ	1,600円
30	スウェーデン	1,800円
31	デンマーク	1,800円
32	カナダ	1,500円
33	JAPAN【中国語（北京語）版】	1,500円
34	ハワイ	1,300円
35	フィンランド	1,800円
36	チェコ	1,800円
37	上海	1,400円
38	シンガポール	1,500円
39	エジプト	1,700円
40	アルゼンチン	1,700円
41	アフガニスタン	1,600円
42	北朝鮮	1,700円
43	ニューヨーク	1,400円
44	ミャンマー	1,800円
45	北京	1,400円
46	イラク	1,800円
47	モロッコ	1,800円
48	オーストリア	1,700円
49	ハンガリー	1,800円
50	ルーマニア	1,800円
51	アイルランド	1,800円
52	ポルトガル	1,700円
53	ジャマイカ	1,800円
54	ニュージーランド	1,500円
55	モルディブ	1,800円
56	スリランカ	1,800円
57	ノルウェー	1,800円
58	ポーランド	1,800円
59	西安	1,600円
60	ケニア	1,800円
61	グアム	1,300円
62	ペルー	1,700円
63	雲南	1,600円
64	ラオス	1,800円
65	チベット	1,800円
66	ベルギー	1,500円

「旅の指さし会話帳シリーズ」一覧

67	KYOTO【京ことば】	1,500 円
68	サイパン	1,300 円
69	JAPAN【スペイン語版】	1,500 円
70	タヒチ	1,800 円
71	スイス	1,600 円
72	イラン	1,800 円
73	クロアチア	1,800 円
74	バリ	1,300 円
75	パキスタン	1,800 円
76	南インド	1,800 円
77	チュニジア	1,800 円
78	ドバイ	1,500 円
79	JAPON【フランス語版】	1,500 円
80	スロバキア	1,800 円
81	ブータン	1,800 円
82	イスラエル	1,800 円

【ビジネス指さし会話帳】
1. 中国語　1,500 円
2. 英語　1,500 円
3. タイ　1,500 円
4. 台湾華語　1,500 円
5. 韓国語　1,500 円

【食べる指さし会話帳】
1. タイ　1,200 円
2. 韓国　1,200 円
3. ベトナム［第二版］　1,500 円
4. 台湾　1,500 円
5. 中国　1,500 円
6. フランス　1,500 円
7. イタリア　1,500 円
8. インドネシア　1,700 円
9. JAPANESE FOOD　1,500 円

【遊ぶ指さし会話帳】
ダイビング（英語）　1,500 円

【恋する指さし会話帳】
1. 英語編　1,400 円
2. フランス語編　1,500 円
3. フィリピン語編　1,800 円
4. 韓国語編　1,500 円
5. インドネシア語編　1,500 円

【旅の指さし会話帳　国内編】
1. 沖縄　1,400 円
2. 大阪　1,400 円

【暮らしの日本語指さし会話帳】
1. フィリピン語版　1,500 円
2. ポルトガル語版　1,500 円
3. 中国語版　1,500 円
4. 英語版　1,500 円
5. 韓国語版　1,500 円
6. スペイン語版　1,500 円

【旅の指さし会話帳 mini】
●韓国　●台北　●イタリア
●中国　●上海　●フランス
●タイ　●バリ　●スペイン
●香港　●ハワイ　●ドイツ
●ベトナム　●グアム　●英語
各 680 円

●JAPAN
【英語・中国語・韓国語・スペイン語・フランス語】　各680円

●いきなり出張会話
【中国・韓国・タイ・英語】各 800 円

価格はすべて税別

著者◎片倉佳史(かたくら・よしふみ)

1969年神奈川県生まれ。早稲田大学教育学部卒業後、福武書店(現ベネッセ)勤務を経て、1996年から台北在住。著書に『台湾に生きている日本』(祥伝社)、『台北・歴史建築探訪』(ウェッジ)、『台湾風景印－台湾・駅スタンプと風景印の旅(台湾・玉山社)、『台湾のトリセツ～地図で読み解く初耳秘話』(昭文社)、『台湾鉄路と日本人』(交通新聞社)、『ワンテーマ指さし会話・台湾×鉄道』(小社刊)、共著に『食べる指さし会話帳④台湾』(小社刊)などがある。台湾に残る日本統治時代の歴史遺産を訪ね歩くことをライフワークにしている。台湾の野鳥撮影や秘境探訪、古写真・古地図の収集、古老への聞き取りにも心血を注ぐ。また、講演活動も年に40回程度行なう。「台湾を学ぶ会」を主宰。公式ウェブサイト「台湾特捜百貨店」。2019年より武蔵野大学客員教授。

イラスト	むろふしかえ
本文イラスト	おおのきよみ　むろふしかえ
ブックデザイン	斉藤いづみ [rhyme inc.]
地図作成	ワーズアウト
企画協力	株式会社エビデンス
協力	片倉真理　荘恵君　劉恵雯　林思吟

本書は『旅の指さし会話帳 ⑧台湾』をもとに台北に特化して再編集したものです。
「旅の指さし会話帳」及び「YUBISASHI」は（株）ゆびさしの登録商標です。
「YUBISASHI」は国際商標登録済みです。

旅の指さし会話帳 mini 台北（台湾華語）

2009年9月5日　第 1 刷
2025年2月8日　第21刷

著者	片倉佳史
発行者	田村隆宗
発行所	株式会社ゆびさし
	〒151-0053　東京都渋谷区代々木1-30-15 天翔代々木ビルS607
	電話 03-6324-1234
	URL:https://www.yubisashi.com
印刷	モリモト印刷

©2009 Yoshifumi Katakura　Yubisashi Co., Ltd.
ISBN978-4-7958-3963-2
落丁本・乱丁本はお取替えいたします。